Simbolismo en la Semana Santa de Sevilla

Simbolismo en la Semana Santa de Sevilla

Prólogo: Antonio García Barbeito

Introducción: Jesús Méndez Lastrucci

Textos: Pablo Borrallo

Fotografías: Antonio Sánchez Carrasco, Javi Jiménez, Pedro Aranda, Sebas Gallardo y Francisco José Pérez

Ilustraciones: Teresa Guzmán y César Ramírez

Colaboran: José Fernando Gabardón, Alberto Diago, José Antonio Zamora, Francisco Javier Montiel, Joaquín Galán, Luis Manuel Jiménez Domínguez y Rafael Bellvis Zambrano

Edición a cargo de Álvaro Lorenzana
Colección Semana Santa

Primera edición: Febrero 2017

Vía Flaminia, 12. 41089 Dos Hermanas. Sevilla.
www.edicionesalfar.es/alfar@edicionesalfar.es
ISBN: 978-84-7898-715-3
Dep. Leg.: SE 100-2017
Impreso en España / *Printed in Spain*

Índice

6: Simbología en la Semana Santa 107

Ntra. Sra. de la Piedad
Hermandad del Baratillo
Teresa Guzmán (TG)

Presentación

Iconología, Teología y Liturgia de la mano en una obra sin predecentes bibliográficos en la ciudad: *El Simbolismo en la Semana Santa de Sevilla*. Un estudio pormenorizado de los símbolos que vemos y percibimos durante la Semana de Pasión hispalense, en lo que constituye un recorrido por la historia y la leyenda de nuestras hermandades y cofradías a través de la simbología teológica y litúrgica, la simbología de las imágenes, la simbología del paso procesional o la simbología estamental.

Signos, iconos, sentimientos y sonidos que, en su conjunto, nos invitan a rastrear la parte, verdaderamente, trascendente de la Semana Santa, para descubrir que todo aquello que ocurre durante siete días, tan etéreo como inmemorial, no se da por casualidad. Y para gloria de esta bien llamada Tierra de María Santísima, hemos querido realizar este trabajo, movidos por unos afanes divulgativos, al amparo de una pretensión primitiva, que no es otra que la de hacer que se convierta en una guía apropiada de los aspectos más desconocidos de esta celebración religiosa. Al tiempo, estamos convencidos que este libro aportará un granito de arena destacado dentro del enjundioso *corpus* bibliográfico de Sevilla, engrandeciendo con su aporte el acervo religioso de una ciudad con un pasado devocional, histórico, artístico y cultural, realmente, inconmensurable.

Un estudio de investigación realizado por éste que suscribe, Pablo Borrallo, que cuenta con espléndidas fotografías de Antonio Sánchez Carrasco, Javi Jiménez, Sebas Gallardo, Pedro Aranda y Francisco José Pérez, personas de reconocido prestigio dentro del universo cofrade de Sevilla, todas ellas acompañadas de maravillosas ilustraciones salidas de las exquisitas manos de dos enormes artistas, Teresa Guzmán y César Ramírez, que en su conjunto, aportan un halo de luz especial a unos textos en los que, también, colaboran José Fernando Gabardón de la Banda y Alberto Diago. Todo ello timbrado con las magníficas colaboraciones de Francisco Javier Montiel, José Antonio Zamora, Joaquín Galán y Luis Manuel Jiménez.

Una obra introducida y prologada por las excelsas letras del gran imaginero Jesús Méndez Lastrucci, y de uno de los grandes maestros del periodismo contemporáneo, Antonio García Barbeito, que anteceden a unos textos que rastrean aspectos tan notorios como el simbolismo de la Cruz como nuevo Árbol de la Vida, la Triada Divina, las potencias del Señor, la simbología de los días de la Semana Santa, los Ángeles como mensajeros del Evangelio, la simbología de las advocaciones, los colores litúrgicos en las indumentarias de las imágenes, las edades de la Virgen, la simbología de las devociones hispalenses, la simbología del exorno floral como alfombra de perfección hacia la luz eterna, la simbología nobiliaria y conventual, el sentido de lo penitencial en las túnicas nazarenas, Jesucristo como luz del mundo que abre caminos entre tinieblas, las nubes de incienso y su simbolismo purificador, la Corte de Dios que rodea el paso procesional, las reminiscencias renacentistas o coloniales y un largo etc., que recorre desde el Domingo de Ramos hasta el Domingo de Resurrección.

En definitiva, un esfuerzo historiográfico que ponemos a disposición de todos los cofrades en el anhelo de que se convierta en un preciso instrumento para un mayor conocimiento de todo el simbolismo que rodea al fenómeno religioso hispalense. Azahares de pasión, incienso y gloria para hacer de esta obra un auténtico santuario de fe.

Pablo Borrallo

Ntro. Padre Jesús del Silencio
ante el desprecio de Herodes.
Hermandad de la Amargura
TG

Prólogo: la importancia de los símbolos

Sin duda, el hombre es una criatura simbólica. *"Por los símbolos voy/como por el alfabeto de mi memoria/ y de mis sentimientos,/ conociendo las cosas, conociéndome"*, supieron escribir. Una bandera, unos colores, un escudo, el nombre de un club deportivo; o un traje de luces, un capote, una montera... Una marca de coche, un estilo de ropa, un traje folclórico, un instrumento musical, unos objetos de determinadas formas... El primer hombre sobre la tierra tendría ya necesidad de símbolos, de hacerlos suyos, de crearlos, de plasmarlos, de tratar de trasmitirlos. Y así, nosotros. Desde la cuna, nos movemos por un mundo de símbolos que iremos acumulando, como otro lenguaje -es otro lenguaje- que nos ayudará a sentirnos vivos, a orientarnos, a anunciarnos las cosas, a nombrarnos, sin palabras, debilidades, sentimientos, pasiones, miedos, alegrías, nostalgias, tristezas, esperanzas. Y a enseñar por ellos.

La Semana Santa es un gran muestrario de símbolos, de variados y riquísimos símbolos. Podríamos decir incluso que es un Gran Símbolo que se divide en cientos de símbolos que, aunque cada uno con su identidad bien definida, están consustancialmente ligados al Gran Símbolo, aunque analizados individualmente, pudiera parecernos que no tienen nada que ver con él, incluso que son contrarios. En un mundo de riquezas incalculables, donde vemos cálices de plata y de oro, puede parecer que un sencillo cántaro de barro no es un símbolo hermano de lo anterior, pero desde el momento mismo en que el cántaro lo porta un aguador, que va al pie del paso para darle de beber al costalero que le pida agua, cántaro y cáliz son símbolos hermanados por el Gran Símbolo. Y así, podríamos poner muchos otros ejemplos.

Pablo Borrallo sabe de la gran importancia de los símbolos, conoce "el alfabeto de los símbolos de la Semana Santa", y con ellos, es capaz de nombrarlo todo en el asombroso y admirable mundo del Gran Símbolo. Los colores, los olores, los sabores, los nombres, las formas... Si decimos el Gran Símbolo, también podríamos decir el Gran Alfabeto, al referirnos al universo riquísimo de la Semana Santa. Por los símbolos de la Semana Santa lo distinguimos todo, por ese "Braille del tacto de la mirada"; por la costumbre de saberlos, por la frecuencia con que los queremos, por lo que esos símbolos suponen ya en la memoria individual del hombre criatura simbólica inmersa en la Semana Santa, donde los símbolos se le fueron apareciendo y fue tocándolos, y oliéndolos, y distinguiéndolos, y aprendiéndolos, y amándolos, hasta que, aunque no lo sepa, es ya un símbolo entre los símbolos que ama y, por lo tanto, parte consustancial del Gran Símbolo.

En el magnífico, interesantísimo, cuidado y apasionado trabajo que nos presenta en este libro Pablo Borrallo, descubrimos el otro gran lenguaje de la Semana Santa. Los símbolos que nos muestra este libro son la sinécdoque que el hombre de la calle entiende sin necesidad de explicación, porque es una sinécdoque visual de conocimiento empírico que le deja claro que esa Cruz, a esa hora, por esa calle, tiene que ser, a la fuerza, de tal hermandad. Un color de terciopelo, un bordado, la esquina de un paso, un color de capirote, unos ciriales, una voz… Y todo, envuelto en los símbolos comunes del azahar, el incienso, los dulces de cuaresma… Aquí, en este completísimo y bien hilado muestrario de símbolos, Pablo Borrallo, el culto serrano de Cortegana, nos ofrece, entre otros muchos donde escoger, el símbolo de la luna de preparación para la Pascua, y el símbolo de las vísperas, y el del adorno de los escaparates para la ocasión, y la letanía de símbolos de los nombres de las advocaciones, y el asombroso símbolo de la luz, y el oloroso de la flor, y el sonoro de la música, y el extendidísimo del verso…

Este libro, *El Simbolismo en la Semana Santa de Sevilla*, será –lo es ya, desde que se escribió– el gran diccionario de los sentidos, de las formas, de la memoria, de la identidad, para quienes se mueven –o quieran, o necesiten moverse– por el singular mundo de la Semana Santa y requieran del hermoso auxilio de un símbolo para entender el todo de muchas cosas. Sin pretenderlo, él mismo, Pablo Borrallo, se ha convertido en un símbolo –el símbolo del que trae y del que enseña– en este hermoso libro. Disfrútenlo.

Antonio García Barbeito
- Periodista y escritor -

María Santísima. de la Amargura
César Ramírez (CR)

Reloj de bolsillo de Antonio Castillo Lastrucci que utilizó durante toda su vida y con el que iba midiendo el tiempo de su trabajo.
Cortesía de la familia de Castillo Lastrucci

Introducción

Sin haber entrado en los méritos propios para asumir la responsabilidad de escribir esta introducción, siento como una grata sonrisa aflora al espíritu. Una curvatura perfilada en mi rostro que responde al no menos agradecimiento, ante la visión personalísima de Pablo Borrallo, responsable para que haya venido a ser de este modo. Por lo que ante el deseo expreso del entrañable amigo, no me quedaba otra mejor opción, que la de asumir con total grado de complacencia el reto.

Las primeras emociones no se hicieron esperar. Llegaron justo al empezar a ser consciente de que sería de las primerísimas personas en leer el presente manuscrito. Desde ese instante dejé apartada la amistad y me revestí de criterio para poder expresar con palabras todo lo que había leído y a la vez disfrutado. A decir verdad, me sentí embajador por un amplio espacio de tiempo que quise dilatar con su lectura. Tal cual lo expreso, un embajador delante de un trabajo serio, tratando de ser todo lo ecuánime posible. Centrado ya en mis apreciaciones que tras su lectura iba recogiendo, me he sentido en todo momento alimentado por el rescoldo que sobre mí había vertido el colosal trabajo. Un trabajo, claro está, porque es fruto de un esfuerzo intelectual, comprensivo y meditado. Pero, ciertamente, se le queda pequeña esta piel. Estimo que va mucho más allá de un mero trabajo; aunque eso será el lector el que no tarde en darse cuenta.

Después de elucubrar en su amplio contenido, descubrí que la riqueza en imágenes fotográficas que vendrá a enriquecer los textos de Pablo, serán como la llama incandescente de la Pasión, la que nos llevarán directos a la reflexión. Aquella que de manera clara deja manifestada y revelada en cada uno de puntos tratados de manera explícita por el autor. Que para mayor gozo del Atrio Macareno y sevillano, llegan a sumar una centuria de ellos, repartidos en seis extensos bloques. Serán ellos los que nos revelen los valores de las distintas ramificaciones que dentro de la amplia simbología encierra la Semana Santa de Sevilla.

Otra de las enseñanzas, o quizás ésta pueda ser la más representativa, es hacernos ver, que no vale con quedarnos con lo primero que percibimos a través de los ojos; con aquello que nos encandila los sentidos. Sin duda, al profundizar, iremos descubriendo un mundo de significados. En realidad, esa es la excelsa función de este libro; la de ponernos en nuestra mano los porqués de cuánto gira en torno al simbolismo en la Semana Santa sevillana. Y no sólo con aquellos que damos por sabidos, sino también aquellos que tan pronto hemos olvidado, o simplemente no quisimos conocer en su verdadera dimensión. Ahora, sin duda, es un buen momento, el crucial, para salir al encuentro de su comprensión, gracias a que su autor nos lo sirve de manera tan directa como comprensible.

De ahí, que poco espacio tendrá en ello el espíritu exacerbado, sino más bien el plausible y diligente, será el que de verdad y por todos los medios posibles a su alcance, buscará hasta alcanzar un mayor sincronismo. Sobre todo primando aquello que sus sentidos han experimentado en vivo, que de seguro y en la mejor de las probabilidades haya calado en nuestra condición. Por lo que no pongo en duda, que esta reflexión nos conduzca directos a posicionarnos frente al conocimiento, dándonos un razonamiento a nuestra verdadera naturaleza, la que partió siendo observadora. Al pronto, notaremos como empezamos a interactuar con el entorno que nos circunda y que está repleto de matices.

Con seguridad lo esté, y sin ir más lejos, lo tengamos delante de nuestros ojos, pero a su vez, hasta ahora no hemos sido capaces por nosotros mismos de resolverlo. Es por ello que comprenderlos, será traspasar esa cortina de luz y de color, de plegaria y penitencia, de saeta engarzada en la piel del pueblo. Todo se hace luz para alumbrar nuestras raíces, que parecen llevar implícitas un código de conducta y simbolismo.

Experimentar en nosotros mismos la sensación de estar entendiendo el verdadero significado de lo que estamos viendo, nos situará en otra dimensión. Siendo del todo conscientes de que antes fueron proyectadas y creadas con total responsabilidad, y que a partir de ese momento único, nos estará enriqueciendo para siempre. Y lo hará en el discernir de los diferentes matices que se dan cita en un tiempo litúrgico. Un tiempo tan vital que le toma el pulso a la ciudad y que para mayor gloria tiene una sinfonía propia, de siglos, que soporta el peso propio de su verdadera magnitud e historia.

Sevilla, a pesar de vivir anclada en su pasado, es una ciudad que se transforma de continuo. También crece y se extiende a su ritmo, oscilando en las coordenadas y connotaciones más rancias. Pero nada de esto le resta un ápice de lucidez para que en un improvisado instante, con su saber estar, pueda reescribir en el aire sevillano un momento único, extraordinario e irrepetible. Y no lo hace a escondidas, sino todo ocurre delante de nuestra atónica mirada, bajo su cielo que sabe atardecer como ningún otro, como dejándose querer y a su vez dejándonos escuchar el clamor del respirar de la ciudad. Como fondo, el rachear de los hermanos costaleros nos inunda el alma, mientras nuestra mirada se dirige al cuerpo de nazarenos. Aquellos hermanos que una vez encendidos sus cirios, se abren paso dibujando un sendero iluminado de fe.

Es en toda esta amalgama de sentimientos, donde vertimos como mejor crisol, los simbolismos hechos a la medida de la ciudad. A partir de ese instante, es fácil perderse en la voz del capataz, y que nuestra sed nos conduzca a la fuente de agua viva. De la misma que la toma el *aguaó*, el agua con la que no sólo sacia la sed de los costaleros, sino la de una ciudadanía que vive a flor de piel una Semana Santa repleta de significados y Gracia.

Sólo entonces, cuando extendamos nuestro brazo, nos parecerá más corta la distancia que separa la concienciación de nuestro cuerpo. Recalando en nuestra propia mirada, veremos en ella reflejada una onírica estampa, hasta el punto que no sabremos si en realidad la hemos vivido o sólo ensoñado. O simplemente fue una gota de ambrosía, la que al revelarnos su simbología, ésta cayó en nuestras manos, para luego ganarnos el corazón.

Jesús Méndez Lastrucci

Mª Stma. del Dulce Nombre
Hdad. del Dulce Nombre
TG

1

Simbología Teológica y Litúrgica

La Luna de Parasceve

Pablo Borrallo

La conmemoración de la Pasión, Muerte y Resurrección de Cristo viene marcada dentro del Calendario Gregoriano por la celebración de la Pascua Judía, conocida como el Pésaj o Salto, que conmemora la liberación del pueblo judío de la esclavitud de Egipto relatada en el libro del Éxodo y mediante la que los judíos comenzaron a experimentar el sentimiento de nación libre.

La Pascua Judía comienza a partir del día 15 del mes hebreo de Nisán, que trasportado a nuestro calendario coincide con la última parte del mes de marzo y la primera parte del mes de abril, dando comienzo la noche de la Luna de Parasceve, que se traduce en la primera luna llena una vez entrado el equinocio de la primavera.

En el siglo IV después de Cristo, el Concilio de Nicea del año 325 estableció que la Pascua Cristiana o Pascua de Resurrección se estableciera en torno a la Luna de Parasceve, que significa "viernes", pues la muerte de Jesucristo se produjo durante la Pascua Judía y así aparece recogida en todos los Evangelios (Mateos. 27,62; Marcos. 15,42; Lucas. 23,54; Juan. 19,14.31), no existiendo dudas a partir de Lucas. 23,54-56 y Juan. 19,31 que era viernes.

Ntro. Padre Jesús del Silencio en el desprecio de Herodes. Hdad. de la Amargura.
Antonio Sánchez Carrasco (ASC)

El Parasceve es para los cristianos cofrades la luna llena más esperada del año, pues en torno a ella se celebra la Pascua Cristiana y por tanto se fecha la Semana Santa. Así, ésta oscila entre el 22 de marzo y el 25 de abril, tomándose como referencia la muerte de Jesús y fechándose primero el Domingo de Resurrección como primer domingo posterior a esa luna. En función de ese domingo se calculan siete días atrás y se fecha el Domingo de Ramos.

Poetas y pregoneros que han cantado con su letras las excelencias de la conmemoración de la Pasión, Muerte y Resurrección de Jesús según Sevilla, evocan cada año la Luna de Parasceve como símbolo inequívoco de la cercanía de la fiesta por antonomasia de la ciudad: la Semana Santa. Y es que en torno a esta primera luna llena de la primavera, Sevilla entera se transforma. La explosión de luz y color cubre de tal forma la ciudad, que los sevillanos se echan a las calles envueltos en un auténtico ambiente de fiesta y recogimiento. La fe y el influjo de la Luna de Parasceve hacen el resto.

La Cruz de Cristo: el nuevo Árbol de la Vida

Pablo Borrallo

El símbolo más grande del Cristianismo, y por extensión de todos los que contemplamos durante la Semana Santa de Sevilla, es la Cruz de Cristo, representación de la Pasión del Hijo de Dios y triunfo de la vida sobre la muerte. Esa cruz o árbol de la muerte pasa a ser árbol de la vida con la presencia en él de Jesucristo, que recibió un vida para no morir, sino para alcanzar otra, la vida eterna, a través del amor. Si nos acercamos a las Sagradas Escrituras vemos en el libro del Génesis como se relata que *"Dios tomó al hombre y lo colocó en el Jardín del Edén para que lo guardara y lo cultivara"* (Gn. 2, 15). El Jardín del Edén es símbolo del estado de plenitud en el que el hombre creado por Dios ha de vivir, como imagen del paraíso definitivo. En

Stmo. Cristo de Burgos. *ASC*

ese jardín, Dios colocó dos árboles, el Árbol de la Vida y el Árbol del Conocimiento del Bien y del Mal. El Árbol de la Vida era el árbol de la verdad y del amor, pudiendo el hombre comer de su fruto y alimentarse por tanto de la gracia de Dios.

Stmo. Cristo de la Salud. Hdad de San Bernardo. *ASC*

En contraposición a ello, del otro árbol, el del Conocimiento del Bien y del Mal, el hombre no podía comer su fruto sin morir, pues si el hombre quería vivir en el Jardín de Dios debía aceptar su condición de hombre. La tentación de Adán y Eva y la de todos los hombres a lo largo de los siglos ha sido caer, celosos de Dios, en la tentación de comer de ese fruto. Así, llegados al misterio de la Pasión, ambos árboles, el de la Vida y el del Conocimiento del Bien y del Mal evocan otros árboles, en este caso los que se encontraban en el Huerto de los Olivos, donde Jesucristo, el nuevo Adán, alejado de la tentación, se entrega a la voluntad del Padre. De esta manera, si Adán

Detalle de la mano izquierda del Stmo. Cristo de las Almas. Hermandad de Los Javieres. ***Pedro Aranda (PA)***

había escogido la muerte, Jesús escoge la vida a través de la obediencia al Padre (*"No se haga mi voluntad sino la tuya"*), siendo esa adhesión a Dios la que hizo que esa cruz o árbol de la muerte, que dolorosamente debía soportar, se convirtiera en árbol de una nueva vida a la que los cristianos estamos llamados siguiendo su palabra y ejemplo. Con Cristo clavado en ella, la cruz deja de ser signo de tortura para transformarse en signo de reconciliación con Dios.

Así, a diferencia de la manzanas del Árbol del Conocimiento del Bien y del Mal, en ese nuevo árbol de la vida, que es el árbol de la Cruz, está plantado el fruto de la inmortalidad, y ese fruto es el cuerpo de Cristo del que hemos de comer a través del misterio de la Eucaristía. La Cruz de Cristo se convierte por tanto en el símbolo del árbol de la nueva vida donde los cristianos encuentran esa vida eterna como quienes comían del árbol del Edén.

La Triada Divina

Pablo Borrallo

Los símbolos revelan siempre algo tan profundo como transcendental. Si hacemos un estudio iconográfico de las imágenes de Jesús que procesionan en la Semana Santa de Sevilla, podemos advertir cómo algunas de ellas levantan la mano derecha realizando el gesto de la bendición, siendo éstas las de Nuestro Padre Jesús en su Entrada Triunfal en Jerusalén, Nuestro Padre Jesús de la Sagrada Cena y Nuestro Padre Jesús Resucitado. Otras, por su parte, mantienen destacados dentro de su postura natural los dedos anular, índice y corazón, siendo éste el caso de la mayoría de las imágenes de Jesús asido a la cruz. El gesto de las manos de Cristo, no escapa desde luego a interpretaciones tan simbólicas como emocionales.

Tradicionalmente, los dedos de Cristo para la teología cristiana, poseen un simbolismo místico, recogiéndose en los dedos pulgar, índice y corazón la llamada Triada Divina, ésto es, el misterio de la Santísima Trinidad. De este modo, el dedo pulgar simboliza a Dios Padre, recogiendo en él toda su luz, sabiduría y verdad. El dedo índice simboliza al Hijo, manifestándose en él, el amor divino de Aquel que fue enviado por amor para salvarnos. Y el dedo corazón simboliza al Espíritu Santo que Dios a través de su Hijo nos ofrece para redención de los pecados y salvación del Mundo. Si bien, hay corrientes teologales que, además, dan una interpretación a los dedos anular y meñique, a los que se les asocia la doble naturaleza de Jesús: la divina y la humana.

Detalle de la mano derecha del Stmo. Cristo de la Sed. *ASC*

Bendición de Cristo
(El Salvador del Mundo). *El Greco*

Bíblicamente la palabra derecha o diestra se asocia a la fuerza, el poder y la preeminencia. Simbólicamente, Jesús está sentado a la derecha del Padre, porque en Él se recoge todo el Poder de Dios. Por eso, cuando Jesús entra en Jerusalén bendiciendo a la diestra, lo hace manifestando con ello el inmenso poder de Dios que lo guía a la cruz según su voluntad y plan salvífico. Un poder de Dios que vuelve a manifestarse cuando al compartir la última cena, Jesús bendice con la diestra el pan y el vino en recuerdo del alimento que por medio del Espíritu Santo nos deja para llegar a la Salvación: su cuerpo y su sangre. Igualmente, vemos como las manos de muchos crucificados levantan, ligeramente, los anteriormente señalados dedos pulgar, índice y corazón en gesto inequívoco del gran poder de Dios, que se manifiesta a través de la Santísima Trinidad. Jesús en la cruz es Dios crucificado para la salvación de una humanidad que debe salvarse por medio del Espíritu Santo. Finalmente, el gesto de la mano derecha, que presenta la imagen de Jesús resucitado, nos transporta al Credo de la Iglesia Católica cuando dice que Jesús *"fue crucificado, muerto y sepultado, descendió a los infiernos, al tercer día resucitó de entre los muertos, subió a los cielos y está sentado a la derecha de Dios"*. En otras ocasiones los tres dedos del Señor aluden a los tres días que tardaría en resucitar.

Ntro. Padre Jesús de la Sagrada Cena.
Francisco José Pérez (FJP)

Señor de la Resurrección. ***PA***

Señor de la Sagrada Entrada en Jerusalén. ***FJP***

Cuarenta días de espera: la Cuaresma

Pablo Borrallo

La Cuaresma es un periodo litúrgico de cuarenta días que preceden a la conmemoración de la Pasión, Muerte y Resurrección de Cristo. Semánticamente la palabra Cuaresma procede del latín "*quadragesima*", que significa "cuadragésimo día" (cuarenta días), siendo esa dulce espera Cuaresmal, anticipo de la Semana Santa, un periodo cargado de símbolos que conviene explicar. Históricamente, los orígenes de su práctica se remontan al siglo IV, extendiéndose desde un punto de vista litúrgico desde el Miércoles de Ceniza hasta el Jueves Santo, cuando la Iglesia Católica se prepara para la celebración de la Pascua. La Cuaresma comienza con el Miércoles de Ceniza con la imposición de las cenizas en la frente de los cristianos bajo la fórmula "polvo eres y en polvo te convertirás", en recuerdo de la condición humana, el fin de la mortalidad y la realidad de la muerte, un simbolismo que forma parte de la tradición de la Biblia donde aparecen varios personajes echando cenizas sobre sus cabezas en señal de arrepentimiento. Es la Cuaresma un tiempo marcado por la reflexión espiritual y la conversión a través de la penitencia y el ayuno, primando en las celebraciones religiosas el color litúrgico morado como símbolo de dolor, tristeza y penitencia, a

Rito de imposición de las cenizas. ***Sebas Gallardo (SG)***

excepción de dos domingos, el cuarto domingo de Cuaresma, llamado Domingo Laetare donde se usa el color rosa, y el Domingo de Ramos, donde prima el color rojo por ser éste el Domingo de la Pasión del Señor.

El Diluvio Universal. ***Francis Danby***

Igualmente, la extensión temporal de la Cuaresma durante 40 días guarda un carácter teológico y simbólico que hay que rastrear en la Biblia, donde el número 40 es bastante común, apareciendo hasta en cien ocasiones. Y es que la "quadragésima" o 40 días no fueron elegidos al azar para cubrir el tiempo de la Cuaresma. Y es que 40 fueron los días y las noches del Diluvio Universal, 40 fueron los días que estuvo Moisés en la montaña antes de recibir los Mandamientos de la Ley de Dios, 40 fueron los años que duró el éxodo judío de Egipto, 40 fueron los días que pasó Jesús en el desierto tentado por el Demonio antes de iniciar su vida pública y 40 días fueron los que después de resucitar estuvo Jesús entre los hombres predicando antes de su ascensión al cielo. Simbólicamente lo podemos explicar así: Jesús se convierte en el nuevo Moisés, y tras 40 días de Cuaresma, en alusión a los 40 años que duró el éxodo judío, a través de la cruz redentora de su Pasión, nos lleva a los cristianos, es decir, al nuevo pueblo de Dios, a una liberación de la esclavitud, que en este caso no es de Egipto, sino del pecado, guiándonos hacia la tierra prometida, que en este caso no es Israel, sino la vida eterna.

Moisés recibe las Tablas de la Ley. ***Arnold Friberg***

Las Tentaciones de Cristo (Capilla Sixtina). ***Sandro Boticcelli***

Domingo de la Pasión de Nuestro Señor Jesucristo

Pablo Borrallo

La conmemoración de la Pasión y Muerte de Jesús viene marcada en el calendario por varias fechas precedentes de notoria importancia para la Iglesia Católica, destacando el Miércoles de Ceniza como inicio de la Cuaresma y el quinto domingo de Cuaresma, constituyendo éste un domingo especial en Sevilla, mal llamado Domingo de Pasión. Una fecha donde se celebra el Pregón oficial de la Semana Santa y donde los distintos templos e iglesias se abren a los fieles que devotamente visitan los besapiés y besamanos montados por diversas hermandades y cofradías como preludio inmejorable de la semana mayor que se avecina.

Al respecto, cabe decir que antes del Concilio Vaticano II, con el Misal de Pío V, el actualmente conocido como Domingo de Pasión sí era llamado así, pues formaba parte de la llamada Semana de Pasión o Semana de Dolores, si bien, con el Nuevo Misal del Vaticano II, que rige actualmente y que fue aprobado por el pontífice Pablo VI, el Domingo de Pasión es el Domingo de Ramos, donde se lee en la celebración eucarística la Pasión de Nuestro Señor Jesucristo, adoptando el nombre de Domingo de la Pasión de Nuestro Señor Jesucristo, también llamado Domingo de Palmas o de Ramos. Y es que la Iglesia Católica tan sólo denomina Semana de Pasión a la última semana de la Cuaresma.

Procesión de Palmas alrededor de la Catedral de Sevilla
José Antonio Zamora

El Domingo de la Pasión de Nuestro Señor Jesucristo o Domingo de Ramos es el gran símbolo de la Semana Santa para Sevilla, pues con él comienzan los días grandes de la ciudad. Un día, que por la manera en la que se conmemora la fiesta de Jesús en la capital hispalense, se asocia por imperativo a la luz, la alegría, los estrenos y la ilusión de lo nuevo. Cada año, Sevilla en su Domingo de Pasión se viste de gala para, con ramos de olivos y palmas, recibir entre clamores a aquel que viene en nombre del Señor. Hossana en el Cielo al Hijo de David, retumba la rampa de la colegial del Salvador, los niños nazarenos con sus túnicas blancas abren paso al amigo que todo lo puede. La Borriquita se acerca a La Campana y el sueño de todo un año despierta en los corazones impacientes de todos los que esperan anhelantes volverse a reencontrar con Él. Una nueva Semana Santa pone rumbo a la Catedral.

Niños con palmas en la Borriquita. ***ASC***

Niños con ramas de olivo. Paso de la Borriquita. ***SG***

Simbología de los días de la Semana Santa

Pablo Borrallo

Antes de realizar un estudio más pormenorizado acerca de la iconología de la Semana Santa de Sevilla conviene definir ésta claramente. Así, pese a celebrarse procesiones, llamadas de "Vísperas", tanto el Viernes de Dolores como el Sábado de Pasión, lo cierto es que la Semana Santa de Sevilla se estructura en siete días que abarcan desde el Domingo de Ramos hasta el Domingo de Resurrección, siete días, por tanto, cargados de un enorme componente simbólico. Así, el Domingo de Ramos, es por su naturaleza el primer día de la Semana Santa, un día de alegría y gozo pues en él se conmemora la entrada triunfal de Jesús en Jerusalén entre gritos de *"Bendito el que viene en nombre del Señor"*, siendo recibido con palmas y ramos de olivo,

Paso de la Sagrada Entrada en Jerusalén "La Borriquita". ***FJP***

Paso de la Sagrada Cena. ***FJP***

símbolo de la fe renovada, y como reminiscencia de claro triunfo, a la manera de cómo en la antigüedad se recibía a los emperadores. El Lunes Santo nos recuerda la vuelta de Cristo a Jerusalén, tras pasar la noche en Betania, y cómo tras dirigirse al templo y ver cómo se había convertido en un mercado, expulsa de

Jesús expulsa a los mercaderes del Templo. ***El Greco***

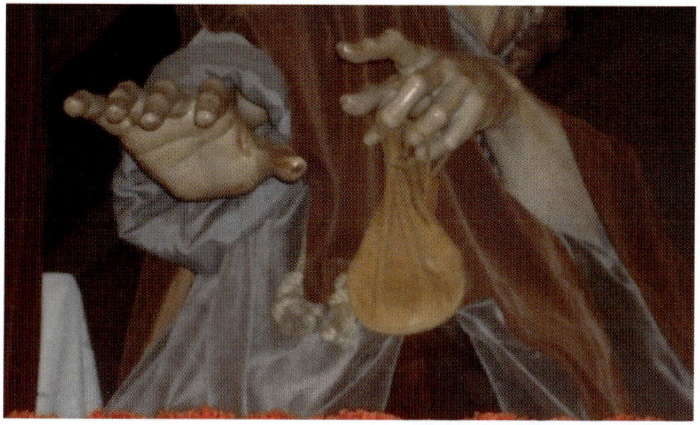

Bolsa con las 30 monedas de plata.
Hdad. de la Sagrada Cena. ***FJP***

allí a mercaderes, tratando de salvaguardar el carácter sagrado del lugar. El Martes Santo es un día crucial. El Hijo de Dios se encontraba en casa del leproso Simón, a quien milagrosamente había curado. Al celebrar la cena, Jesús anuncia a sus discípulos la proximidad de su muerte. Lunes y Martes Santo son días en los que la Iglesia Católica, por medio del sacramento de la Confesión, trata de preparar a los cristianos para la celebración de la Pascua. Por su parte, el Miércoles Santo es el día de la traición y la confabulación. Judas acuerda con los enemigos de Jesús, el Sanedrín judío, entregarlo a cambio de 30 monedas de plata. Litúrgicamente, con el Miércoles Santo acaba la Cuaresma y comienza la Pascua. El Jueves Santo supone, por tanto, el primer día del Triduo Pascual. Ese día la Santa Iglesia conmemora el lavado por parte de Cristo de los pies a los sus discípulos y sobre todo la institución la Eucaristía durante la celebración de la última cena, donde por medio del pan y el vino, símbolo del cuerpo entregado y la sangre derramada, el Hijo de Dios ordena a sus apóstoles celebrar en adelante esa Eucaristía en conmemoración suya. Una vez que los Oficios de la Eucaristía han terminado, la Iglesia rememora la agonía del Señor en el huerto de los olivos, la traición de Judas y el prendimiento. A ese día, le sigue el Viernes Santo, donde tiene lugar una de las principales celebraciones de los cristianos con la conmemoración de la muerte del Hijo de Dios en la cruz. Durante el Viernes Santo, se realiza la adoración del Árbol de la Cruz y el Vía Crucis. Es el único día del calendario litúrgico donde no se celebra la Eucaristía. El Sábado Santo es día de luto y meditación y al acabar tiene lugar la Vigilia Pascual, donde se celebra y recuerda, mediante la luz, la presencia entre nosotros de Cristo Resucitado, que da paso a la conmemoración del Domingo de Resurrección.

Soledad de San Buenaventura. ***ASC***

A la izquierda: paso de Ntra. Sra. de los Dolores y el Stmo. Cristo de la Providencia. Hdad. de los Servitas. ***SG***

A la derecha: paso de palio de Ntra. Sra. de la Presentación. Hdad. del Calvario. ***ASC***

El origen de la Semana Santa y el Vía Crucis de la Pía Unión

Pablo Borrallo

Los orígenes de la Semana Santa de Sevilla se mueven todavía hoy en una enorme incertidumbre, de ahí que los historiadores no logremos ponernos de acuerdo. Si sabemos, a diferencia de la cronología, que espacialmente el germen de la Semana Santa de Sevilla estuvo en los primitivos vía crucis hacia el humilladero de la Cruz del Campo que en el año 1482 había mandado construir el asistente de la ciudad de Sevilla Diego de Merlo, en base a la tradición existente que mantenía que el Cabildo Catedral había recibido la reliquia del *Lignum Crucis* donada por el arzobispo Fonseca en ese lugar. Sabemos que D. Fadrique Enríquez de Rivera, primer Marqués de Tarifa, trajo a la ciudad de Sevilla la devoción al vía crucis tal y como se hacía en Jerusalén a la vía sacra. Dicho vía crucis, instaurado ya en el año 1521, se hacía desde su propia casa, el Palacio de San Andrés, que acabaría popularizándose con el nombre de Casa de Pilatos hasta un pilar situado en la Huerta de los Ángeles. Desde el año 1630 se altera el lugar de comienzo y finalización del vía crucis, realizándose desde el actual Palacio de los Duques de Medinaceli hasta el Humilladero de la Cruz del Campo, cercano al pilar donde anteriormente finalizaba, realizándose durante el trayecto el preceptivo rezo del vía crucis a través de una serie de paradas bien señalizadas, hoy día sustituidas por retablos cerámicos con la Pasión de Jesucristo. Durante el mencionado vía crucis, se recorrían 997 metros, en clara alusión a los 1321 pasos que se entiende recorrió Jesús desde el pretorio romano hasta el Monte Calvario. Desde entonces, las hermandades y cofradías de Sevilla realizaron estación de penitencia hasta el templete de la Cruz del Campo, siendo la última en hacerlo la Hermandad de los Negritos en 1873.

Azulejo de la 2ª Estación

Azulejo de la 12ª Estación

Faroles en espera del inicio del Vía Crucis. *ASC*

Ya en el siglo XX, los descendientes del Marqués de Tarifa decidieron recuperar la piadosa devoción y crearon en el año 1956 la Hermandad de la Pía Unión, compuesta por hermanos mayores de distintas hermandades y diversos hermanos, que desde entonces y como clara reminiscencia de esa primitiva vía sacra, vienen manteniendo ese histórico culto, aunque con cambios sustanciales, pues si bien durante los siete primeros años, llegaban hasta el humilladero acompañados del Cristo de Medinaceli de la Casa de Pilatos o de un nazareno que se encontraba en un convento cercano, pasado ese periodo, la Pía Unión decidió que el vía crucis se realizara el primer viernes del mes de marzo en el patio interior de la Casa de Pilatos, formato que llega hasta nuestros días, estando presidido por la Cruz de las Toallas de los Negritos, estandartes del Santo Cristo de San Agustín (Hdad. San Roque); de San Juan de Ribera (Hdad. San Esteban) y de la Pía Unión, más el relicario del Santo Lignum Crucis.

Vía Crucis de la Pía Unión. ***ASC***

"Cruz de las Toallas" utilizada en el Vía Crucis de la Pía Unión. ***ASC***

Mensajeros del Evangelio: los Ángeles de Dios

Pablo Borrallo

Canastillas, respiraderos, bambalinas, palios y pasos en general de la Semana Santa de Sevilla muestran a menudo la presencia de ángeles en sus distintas modalidades, ésto es, ángeles puttis (niños alados), ángeles atlantes (sostienen algo), ángeles pasionistas (custodian atributos de la Pasión de Jesús), ángeles marianos (portan atributos de la Virgen), ángeles ceriferarios (portadores de luz) y ángeles turiferarios (portan incienso purificador). Seres divinos y espirituales, en definitiva, que actúan como mensajeros del Evangelio y tiene por fin asistir y servir a Dios. Podemos decir, y así se recoge en la Biblia, que los ángeles son los grandes transmisores del Evangelio, estando muy presentes en los momentos más importantes del Cristianismo, como la Anunciación a la Virgen, la Anunciación a los Pastores, la Confortación de Jesús en el Huerto de los Olivos y el Anuncio de la Resurrección, siendo ésta según Mateo 28, 1-7, de la siguiente manera: *"Al amanecer, vinieron María Magdalena y la otra María, a ver el sepulcro. Y hubo un gran terremoto porque un ángel del Señor, descendiendo del cielo y llegando, removió la piedra y*

Ángeles del paso de Cristo de Ntro. Padre Jesús Cautivo y Rescatado. Hdad. del Pol. de San Pablo. ***SG***

Ángel puttis. ***PA***

Ángel ceriferario. ***ASC***

Ángel Turiferario. ***ASC***

se sentó sobre ella. Su aspecto era como un relámpago y su vestido blanco como la nieve. Del miedo, los guardias temblaron y se quedaron como muertos. Pero el ángel, respondiendo, dijo a las mujeres: No temáis vosotras, sé que buscáis a Jesús. No está aquí, ha resucitado". Junto a éstos, existen muchos más ejemplos que testimonian la pre-

Ángel Confortador. Hdad. de Monte-Sión. ***ASC***

sencia de los ángeles durante la vida del Señor en la Tierra, siendo por tanto muy relevante la presencia de los ángeles mediante representaciones artísticas en los pasos de Semana Santa. Simbólicamente, Dios se hace sentir aún más presente en los corazones de los devotos a través de su Hijo y de estos seres celestiales, que fueron creados por el Padre para adorarlo y servirlo eternamente, siendo, especialmente importante su labor como misioneros del Evangelio, recordando con su presencia la buena noticia de la salvación.

Desde un punto de vista iconográfico, en las distintas ramas del arte, y por extensión en la imaginería que conocemos, los ángeles, en menor o mayor tamaño, son representados adoptando una apariencia humana enormemente bella, presentando como elementos comunes, salvo en el caso de los ángeles atlantes, que van sosteniendo algo, la presencia en ellos de dos alas, alternándose la desnudez o semidesnudez con las vestimentas. Procesionan en la Semana Santa de Sevilla tres ángeles que sobresalen por su tamaño: el Ángel Pasionista de la Hdad. de las Aguas, que recoge en un cáliz la sangre del costado de Cristo; el Ángel Confortador de la Hdad. de Monte-Sión y el Ángel Anunciador de la Hdad. de la Resurrección.

Ángel Anunciador. Hdad. de la Resurrección. ***PA***

Los Escaparates como naturalezas muertas: los Bodegones Cofrades

José Fernando Gabardón

Uno de los fenómenos culturales más emblemáticos de nuestra vida social se da especialmente en la Cuaresma, la antesala de las fiestas primaverales de Sevilla, el momento del reinicio de la existencia de la ciudad, el despertar de un ensueño en la que todo los años revive como una vía sacra los episodios más emblemáticos de la Pasión de Cristo. La liturgia cofrade no se encierra solamente en el escenario de las naves de los templos, sino que plazas, calles y barrios se llenan de esa sustancia que da identidad al pueblo sevillano, que convoca a todo los sectores de la sociedad en una mezcla de devoción, tradición y gustos estéticos. Las capillas e iglesias se vuelven a llenar de personas que hacen un año no se vieron, en el seno de quinarios, triduos, traslados de imágenes al paso, ensayos de costaleros o ese momento simbólico de sacar la papeleta de sitio.

Tradicional comercio de confección de capirotes y complementos para nazarenos.
PA

Puestos de incienso perfuman las calles de Sevilla.
Javi Jiménez (JJ)

Y esa convocatoria se prolonga en las múltiples tascas y bares que aparecen diseminadas por toda la geografía de la ciudad, diseñando un verdadero itinerario o camino que recorre todos los barrios del centro, Triana, la Macarena..., llegando hasta los últimos rincones de la periferia. Son espacios peculiares, lugares de culto a lo sevillano, prolongaciones de la devoción de las imágenes, más allá de los espacios sacros de iglesias o capillas. En ellas prevalece la tertulia cofrade, digna de estudio lingüístico y sociológico, y se convierte en una de las páginas más emblemática de la realidad cultural sevillana, donde se entremezclan conversaciones, habladurías, charlas y otros menesteres de todo tipo de cuestiones de carácter cofrade, desde nombramientos de las cuadrillas, capataces, miembros de la Junta, pregonero, el cartel o la propia imagen que va a presidir el Vía Crucis cuaresmal. Estas capillas populares recrean un verdadero museo simbólico de la esencia cofrade de la ciudad, verdaderos *studiolos* del Renacimiento, Cámaras mágicas del Barroco,

Un niño observa el tradicional escaparate de la Confitería La Campana. JJ

que delimita una peculiar escenografía de carácter teatral a modo de *horror vacui*, en la que los altares y retablos han sido sustituidos por todo tipo de carteles, fotografías de imágenes, velones e inciensos y todo tipo de recuerdos de estaciones de penitencias.

La escenografía cofrade se complementa en los propios balcones, ornamentados a modo de altar, con mantones, faroles y otros elementos propios del ceremonial barroco, conviviendo en los escaparates de las tiendas, en la que a modo de vanitas o bodegones barrocos conviven capirotes, calaveras, velones, mantillas negras, candelería, imágenes de Cristo o de la Virgen. En algunos casos incluso recuerda el tenebrismo propio de los objetos utilizados por Valdés Leal o Zurbarán.

2

Simbología de las Imágenes

Simbolismo de las Advocaciones

Pablo Borrallo

Las imágenes de Jesús y María que procesionan en la Semana Santa de Sevilla son llamadas de distinta manera, siendo las advocaciones o títulos canónicos con los que se les conoce el motivo fundamental para diferenciarlas. Las advocaciones canónicas son, también, distintas según se trate de imágenes de Jesús o imágenes de María. Teniendo en cuenta que la teología considera la Redención como el actor supremo del Amor de Dios a los hombres, las advocaciones para llamar a los Cristos son tomadas como norma

Ntro. Padre Jesús en su Soberano Poder ante Caifás.
Hdad. de San Gonzalo. ***ASC***

Stmo. Cristo de la Buena Muerte
Hdad. de los Estudiantes. ***FJP***

general de los episodios de su Pasión, Muerte y Resurrección narrados en los Santos Evangelios, escogiéndose sus nombres en muchos casos para explicar el misterio que van representando en su paso procesional, y acompañando las fórmulas de "Santísimo Cristo" o "Nuestro Padre Jesús". De esta forma encontramos ejemplos como los de Jesús Cautivo, Jesús del Silencio ante el Desprecio de Herodes, Jesús ante Caifás, Jesús ante Anás, Jesús con la Cruz al hombro, Jesús de las Tres Caídas, Jesús Despojado de sus Vestiduras o Jesús de la Buena Muerte, entre otros ejemplos. En otras ocasiones las avocaciones de Jesús están relacionadas con las huellas de su sufrimiento, como los casos de Jesús de las Penas, Jesús de la Humildad y Paciencia, Jesús del Desamparo y Abandono, Jesús de la Pasión etc., siendo, también, importantes las advocaciones místicas que hacen alusión a su carácter todopoderoso, como Jesús de la Salud, Jesús de la Caridad, Jesús de la Misericordia o Jesús del Gran Poder. Paralelamente, existen ocasiones en las que la advocación popular prima sobre la advocación canónica, siendo éstos los casos del Cachorro de Triana para hacer alusión al del Stmo. Cristo de la Expiración, el Cristo de los Estudiantes para llamar al Stmo. Cristo de la Buena Muerte o la Borriquita para referenciar a Jesús en su Entrada Triunfal en Jerusalén, entre otros casos.

María Santísima de la Amargura. ***FJP***

Comparativamente, las advocaciones de la Virgen María tienen su origen en los primeros siglos del Cristianismo, cuando se presenta a la Virgen como "Madre de Dios", aunque las advocaciones marianas surgen a fines de la Edad Media, acompañando a la

Ntra. Sra. de los Dolores
Hdad. de Santa Cruz. ***FJP***

Virgen el topónimo del lugar donde se hallaban, popularizándose tal y como hoy las conocemos, ya desde los siglos XV y XVI, presentando en su mayoría una profunda raíz teológica y mística, siendo éstos los casos de advocaciones como Gracia y Amparo, Esperanza, Caridad, Salud, Socorro o Refugio. Si bien, hemos de decir, también, que hoy día procesionan imágenes de la Virgen en la Semana Santa de Sevilla cuyas advocaciones hacen referencia al sufrimiento pasado acompañando a su bendito hijo camino de la cruz, siendo éste el caso de advocaciones como Amargura, Dolores, Tristezas, Angustias, Lágrimas o Soledad.

Los colores litúrgicos en las indumentarias de las imágenes

Pablo Borrallo

Desde un punto de vista iconográfico, las representaciones artísticas de Jesús y María han ido evolucionando a lo largo de la historia, siendo diferentes según las épocas y los estilos artísticos, ya sean éstos pintura o escultura. En el campo de la imaginería que llega hasta nuestros días, las vestimentas de las imágenes de Cristo y de la Virgen María, ya sean de talla completa –bulto de redondo– o de candelero, presentan una serie de analogías que proceden del simbolismo propio de los colores litúrgicos. Y es que el Misal Romano actual regula el uso de los colores litúrgicos para las celebraciones religiosas de

Ntro. Padre Jesús de las Penas. Hdad. de San Vicente. *JJ*

Ntro. Padre Jesús de la Sentencia y Ntra. Sra. de la Esperanza Macarena. *JJ*

la siguiente manera: Verde (Tiempo Ordinario), Morado (Tiempo de Adviento y Cuaresma, funerales y misas de difuntos), Rojo (Domingo de Ramos, Viernes Santo, Pentecostés y Fiesta de los Mártires), Blanco (Tiempo de Pascua y Navidad, Fiestas de la Virgen y Solem-

Ntro. Padre Jesús de la Redención. *SG*

nidades del Señor relacionadas con la Pasión -Ascención, Sagrado Corazón y Cristo Rey- o la Eucaristía -Corpus Christi-), Negro (Misas de Réquiem y Viernes Santo -Misal Romano tradicional-), Celeste (Festividad de la Inmaculada Concepción) y Rosa (Domingo de Gaudete y Domingo de Laetare).

Por lógica transportación, imagineros y vestidores han seguido ese simbolismo para vestir esas tallas, si bien hay una diferencia notoria entre las imágenes de Jesucristo y las imágenes de la Virgen María. Así, el color general empleado para vestir las imágenes de Jesús es el morado, símbolo de dolor, preparación espiritual y penitencia, al que se suele asociar en muchas casos el rojo burdeos o purpurado, como símbolo de martirio y de la sangre que se derrama en su Pasión. Junto a esos colores hay que destacar los bordados en oro como símbolo de divinidad y triunfo.

Ntra. Sra. del Socorro a los pies del Stmo. Cristo del Amor. *PA*

Por contra, las vestimentas -sayas y sobre todo mantos- de las imágenes de la Virgen que vemos procesionar en la Semana Santa de Sevilla presentan unos colores más diversificados, que en muchos casos tiene que ver con la propia advocación o título canónico de la imagen, tal es el caso de los siguientes colores: verde, símbolo de esperanza (Esperanza Macarena, Esperanza de Triana, Esperanza de la Trinidad, Gracia y Esperanza); blanco, símbolo de alegría, júbilo y pureza (Ntra. Sra. Paz, Ntra. Sra. de la Salud San Gonzalo, Ntra. Sra. del Rosario-Monte-Sión); rojo o púrpura, símbolo de martirio (Ntra. Sra. de los Desamparados-San Esteban, Ntra. Sra. del Buen Fin La Lanzada, Ntra. Sra. de las Mercedes-Sta. Genoveva); celeste o azul, símbolo de pureza y virginidad (Ntra. Sra. de la Estrella, Ntra. Sra. de las Aguas-El Museo, Ntra. Sra. de Consolación-La Sed); o negro , símbolo de tristeza, dolor, luto y recogimiento (Ntra. Sra. de las Tristezas-Veracruz-, Ntra. Sra. de los Dolores-Santa Cruz-, Ntra. Sra. del Mayor Dolor-La Carretería, Ntra. Sra de la Soledad-Soledad de San Lorenzo).

Imágenes de Jesús

José Fernando Gabardón

Existe un verdadero camino de Pasión en Sevilla que nos conduce a la basílica de la imagen del Gran Poder, uno de los iconos más venerados de la ciudad. En otros puntos de la geografía hispalense se producen al mismo tiempo estos itinerarios de pasión, que van desde la capilla del Cachorro, Pasión o Los Gitanos, a más íntimos y recónditos como es el caso del Cristo de las Virtudes de la iglesia de San Juan de la Palma. Cristo Redentor, humanizado, se convierte en la verdadera imagen contemplativa que para los devotos produce una plasmación íntima de los problemas mundanos cotidianos a modo de resignación. La popularización de la imagen pasionista de Cristo se fue delimitando desde el propio símbolo esencial del cristianismo, la cruz, tomando protagonismo la antropomorfización de la figura de Jesús desde la Baja Edad Media hasta la Contrarreforma. La irrupción de franciscanismo, el movimiento de la devotio moderna, la popularización de los textos del misticismo renano, especialmente los de Santa Brígida, fueron determinantes en la popularización de los modelos pasionistas de Cristo. De esta manera, los temas individuales de los crucificados o nazarenos, o ya escenas más narrativas como el Azote de la Columna, los Descendimientos, o las Piedades se irían incorporando en la esencia de lo popular. No cabe duda que los imagineros Juan Martínez

Ntro. Padre Jesús en su Soberano Poder ante Caifás. Hdad. de San Gonzalo. *PA*

Montañés y Juan de Mesa proyectaron la configuración morfológica del Cristo Pasionista de la Semana Santa de Sevilla, al que siguió Pedro Roldán y su taller, culminando en la figura excepcional de Ruiz Gijón. Sin embargo, el carácter plenamente simbólico estaría

Stmo. Cristo de las Tres Caídas
Hdad. de la Esperanza de Triana. ***PA***

delimitado por los textos del ascetismo y misticismo de la Contrarreforma, que recogieron al mismo tiempo algunas concepciones de la Baja Edad Media, desde San Juan de la Cruz, fray Luis de Granada o Santa Teresa de Jesús. Es probable que fuera el pintor manierista Pacheco el que en el arte de la pintura plasmara la primera interpretación simbólica de las escenas pasionista de Cristo en el ámbito artístico, especialmente en el ámbito del Crucificado. Sus composiciones quedarían reflejada en la obra por excelencia de Montañés, el Cristo de la Clemencia de la Catedral de Sevilla.

Stmo. Cristo de la Humildad y Paciencia
Hdad. de la Sagrada Cena. ***SG***

La concepción realista de la muerte llenaría el espacio simbólico del modelado antrópico de la figura de Cristo, buscando el efecto de contemplación en el devoto, en la que los clavos, las heridas del costado, las llagas, el chorreón de sangre, la cabellera despeinada con corona de espina, los ojos entrecaídos, reflejaban los sufrimientos que había padecido. No cabe duda que en la contemplación de las distintas imágenes que actualmente conserva la Semana Santa de Sevilla se puede apreciar uno de los mejores páginas de reflejos de la sensibilidad de un ser humano ante el padecimiento y la muerte.

Reflejos de Luz: las Potencias del Señor

Pablo Borrallo

Las potencias son los rayos que en forman de reflejos de luz salen por triplicado de la cabeza de las imágenes de Jesús como símbolo y representación de su divinidad. Históricamente, en las representaciones artísticas de Jesucristo se han venido

Cristo Abrazado a la Cruz. *El Greco*

incorporando atributos para resaltar visualmente su aspecto divino, en una mezcla de simbología y teología. Desde la Antigüedad clásica, filósofos como Aristóteles, hacen referencia a tres potencias relacionadas con el intelecto que poseen las personas, esto es, memoria, entendimiento y voluntad, que se traducen en conocimiento, interpretación y libertad. Aplicadas a la Teología agrupan en sí misma la capacidad humana para imponer el bien sobre el mal, de ahí que Jesucristo, como verdadero hombre también las tuviera pero llevadas a su máximo exponente como Hijo de Dios que era, de ahí que esas capacidades le llevaran a aceptar su Pasión y Muerte. Transportándonos al campo del arte, las potencias fueron consideradas en la pintura o la imaginería los verdaderos atributos del Señor en su condición de Profeta, Sacerdote y Rey.

La Resurrección de Cristo.
Alberto Durero

Iconográficamente, su uso a modo de diadema hay que rastrearlo en el arte bizantino, pasando de Oriente a Occidente a través del arte románico y gótico. Ya desde el siglo XVI, se extenderían gracias a los grabados de Alberto Durero, siendo en España el reconocido artista Doménico Theotocopulos "el Greco"

Potencias de filigrana de Ntro. Padre Jesús del Gran Poder. *JJ*

Potencias de Ntro. Padre Jesús del Gran Poder con la inscripción JHS. *JJ*

quien popularizaría su utilización en sus pinturas, particularmente en los cuadros del "Abrazo de la Cruz", incorporándose por imitación al campo de la imaginería procesional ya durante los años del Barroco, utilizándose para su hechura materiales de metal con incrustaciones de piedras preciosas, que es la forma en la que llegan hasta nuestros días.

El carácter sagrado de este tipo de objeto, en claro símbolo de luz, rápidamente se extendió a la etapa dieciochesca, romántica y contemporánea. Hoy día, pocas son las representaciones de Jesucristo que procesionan en la Semana Santa de Sevilla que carecen de potencias, sorprendiendo en muchos casos la riqueza artística de los materiales empleados (oro, plata y piedras preciosas), que llevan a conferir a las ta llas un enorme impacto visual.

Las tres potencias que incorporan en muchos casos el anagrama de Cristo (JHS) son por tanto una exaltación clara del mensaje divino, una luz celestial permanente, que por la fuerza de su simbolismo, acercan aún más a los devotos al Hijo de Dios.

Ante ti Señor: Besamanos y Besapiés

Pablo Borrallo

La devoción a la imágenes encuentran su sentido verdadero en la tributación de los cultos que reciben por parte de los cristianos, en signo de fe, amor y respeto. Cultos éstos, que por su significado se dividen en dos: los cultos externos, cuando se realizan fuera de los templos a modo de procesiones; o los cultos internos, cuando se celebran en los templos donde están esas imágenes establecidas. Son las reglas de cada hermandad las que rigen el calendario de esos cultos, que en el caso de los cultos internos, por la extensión de sus días pueden clasificarse en triduos, quinarios, septenarios o novenas.

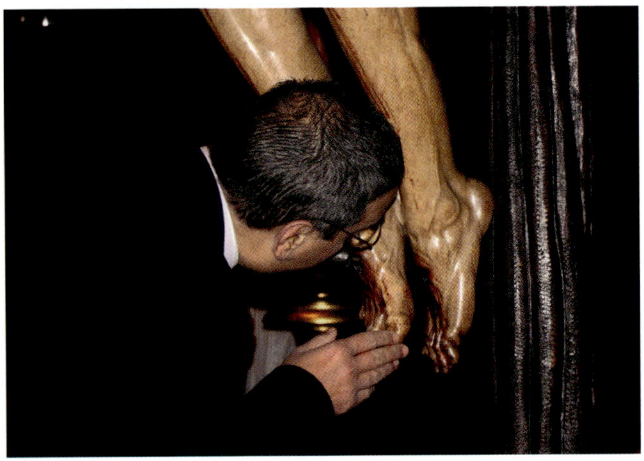

Besapiés en los Estudiantes. *SG*

Besamanos de Ntra. Sra. del Valle. *PA*

En todo caso, habitualmente y como aspecto notable de los cultos internos, hemos de destacar por su significado los besamanos y besapiés. Simbólicamente, este tipo de culto hunde sus orígenes en Oriente, en la costumbre de los pueblos de postrarse ante sus reyes o príncipes en señal de respeto y sumisión. Así, el pueblo hebreo se postraba ante ellos arrodillándose o inclinando la cabeza; los persas por su parte hacían lo mismo pero besando la tierra, mientras que griegos y romanos rendían honor a reyes y emperadores hincando la rodilla en tierra y tocando sus túnicas con una mano que después besaban. Esa acción de llevarse la mano a boca y besarla, conocida en latín como *manus ad os admovere* daría con el tiempo paso a la palabra adoración, que en ese origen primitivo tiene el significado de veneración, saludo y respeto. El gesto de sumisión hacia los reyes se extendió en España desde el periodo medieval hasta los siglos de la Edad Moderna, como señal inequívoca de adhesión al monarca.

Besamanos de Ntro. Padre Jesús del Gran Poder. *JJ*

Siendo Jesucristo, Hijo de Dios, el sentido teológico de los besamanos o besapiés no es otro que el de señal de veneración por el que es Rey de Reyes, la más excelsa divinidad nacida entre los mortales, ante quien los cristianos se postran.

Igualmente, los besamanos o besapiés de Cristo tienen su prolongación en los besamanos a la Virgen María, que en un sentido más simbólico aún, dispone a María, en muchos de ellos, rodeada de luz y flores y con el asiento de Reina del Universo al lado. Un claro gesto de amor a sus hijos, pues ésta deja ese asiento por un momento para acercarse a ellos y permitir que la saluden besándole la mano en señal de devota reverencia ante la que es Madre de Dios.

Imágenes de María

José Fernando Gabardón

En los textos del cristianismo primitivo, los de Andrés de Creta (*Tratado sobre las santas imágenes*) o Nicéforo Calixto cuentan que San Lucas fue el primer retratista de la Virgen, dejándonos como paisaje, la anunciación, con una concepción simbólica donde se mostraba su pureza y virginidad. En el ámbito oriental del mundo cristiano, con el desarrollo de la mariología, especialmente en los monasterios ortodoxos, se fueron configurando las primeras representaciones de María, especialmente, como Madre de Cristo y Madre de la Iglesia. La más popular sería la Theotokos, término que encierra una simbología "la que dio luz a Dios". Serían divulgados los iconos bizantinos con carácter hierático, en la que María se convierte en verdadero trono divino, siguiendo la representación áulica de la Madre de un Rey. Este modelo de imágenes se divulgaría en el arte medieval de occidente, tanto en el románico como en el gótico. En el ámbito de las monarquías que se fueron configurando en la Europa de los siglos XII al XIV se iría extendiendo las imágenes sentadas de la Virgen, con simbología real, soporte del Niño Rey.

Con la irrupción de la mariología corredentora a raíz del movimiento de la devotio moderna y el culto pasionista de María en su dolor como paralelo al sufrimiento de Cristo, quedaría plasmada en las concepciones tipológicas de la Dolorosa, probablemente la representación más cultivada del arte cristiano occidental. El papel intercesor de María, su carácter maternal e incluso, la amplia devoción que suscitó entre los fieles, tendría su reflejo en la definición de un modelo representativo, que sería moldeado desde los pequeños grupos escultóricos francogermánicos y los primitivos flamencos pasando por los primitivos italianos. El triunfo de la mariología corredentora se produciría en el Barroco, irrumpiendo el culto definitivo de las Dolorosas, que quedarían plasmadas en la elaboración de imágenes de madera, talladas exclusivamente la cabeza y manos y ornamentadas a modo de viudas o reinas, y adornadas con coronas, puñales o mantos. La melancolía ante la pérdida de su propio Hijo, el intimismo de la mirada o la sensualidad del modelado del rostro arrugado de pena encerraba un verdadero simbolismo. Probablemente fuera Gaspar Becerra el primer artista en la Corte que diseñara el modelo, a instancias de la reina Isabel de Valois, pero no cabe duda de que algunos autores pertenecientes a la escuela andaluza del barroco serían los que dotaran de la simbología barroca mariana, especialmente en las manos de Murillo, unido a la escuela montañesina y roldanesca.

Una lista amplia de Dolorosas llenan actualmente la Semana Santa, manteniendo la simbología mariana corredentora, popularizada con las advocaciones de la Amargura, el Valle, Esperanza, Subterráneo, Mayor Dolor y Traspaso, Dolores, y un largo etc.

Perfiles de Ntra. Sra. de la Esperanza Macarena

CR

María Stma. del Dulce Nom
Hdad. del Dulce Nombre
CR

ía Stma. de las Aguas
Hdad. del Museo
CR

Las edades de la Virgen

Pablo Borrallo

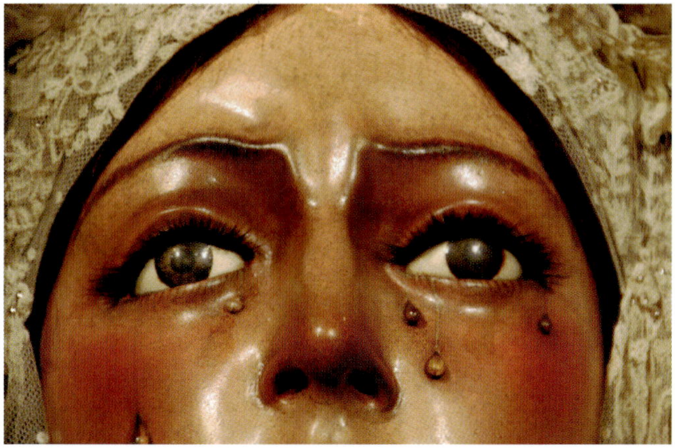

Ntra. Sra. de la Esperanza Macarena. *JJ*

El modelo iconográfico de las dolorosas, tal y como hoy lo conocemos, hunde su origen en el siglo XVI, definiéndose más si cabe en el siglo XVII y perfeccionándose con elementos naturalistas desde el siglo XVIII. Como tal, las representaciones de la Virgen en el arte nacen de la Piedad Popular, aislando la imagen y añadiéndole una serie de atributos, inspirados simbólicamente en los Evangelios y otras fuentes literarias, tratando, en todo caso, de otorgarle una apariencia dramática. Así ocurre en el campo de la imaginería procesional, donde las representaciones marianas presentan a una Virgen sumida en un mar de tristeza y dolor con los ojos arrasados en lágrimas. Junto a ello, llama poderosamente la atención otro aspecto que comparten en su inmensa mayoría: la edad que representan. Tradicionalmente, cuando se describe a la Virgen María como madre de Jesús, se hace como una adolescente que no llega a los 20 años, algo históricamente controvertido. El arte de la imaginería procesional, quizás influenciado por la pureza y virginidad, virtudes propias de María, la ha venido representando, generalmente, como una joven adolescente en el contexto de la edad en la que pudo haber sido madre, tal es el caso de imáge-

Ntra. Sra. de la Esperanza. Hdad. de la Trinidad. *JJ*

Ntra. Sra. de los Ángeles
Hdad. de los Negritos. *PA*

Ntra. Sra. del Valle.
Hdad. del Valle. *SG*

Ntra. Sra. de los Dolores
Hdad. de Santa Cruz. *JJ*

nes por ejemplo como Ntra. Sra. de Guadalupe (Las Aguas), Ntra. Sra. Piedad (El Baratillo), Ntra. Sra. de los Ángeles (Los Negritos), Ntra. Sra. de la Esperanza (Macarena) o Ntra. Sra. de la Esperanza (Trinidad). Artísticamente, la mayoría de las dolorosas que procesionan en la Semana Santa rondan la treintena de años, cometiendo, pues, los imagineros la imprudencia histórica de representarlas más joven que a su propio hijo, aunque posiblemente muchos de ellos estuvieran guiados por la intención de mover el corazón de los devotos, pues suele conmover más el sufrimiento de una joven llorando que el de una mujer adulta,y así se trata de mostrar el dolor inocente de quien se siente indefensa ante tanta desgracia. Hay por tanto una intención de representar a la Virgen María joven como clara muestra del idealismo que encarna, siendo su rostro perfecto espejo de su alma virtuosa. Sin embargo, hay algunos casos donde la apariencia de la Virgen se aproxima más a la edad que hubo de tener cuando sucedieron los acontecimientos de la Pasión, es decir, 33 años después de dar a luz, pudiendo tener la Virgen entonces entre 45 y 50 años. Así vemos ejemplos como los de Ntra. Sra. de los Dolores y Misericordia (Jesús Despojado), Ntra. Sra. de los Dolores (Santa Cruz), Ntra. Sra. de la Soledad (San Buenaventura), Ntra. Sra. de los Dolores (San Vicente) o Ntra. Sra. de la Soledad (Soledad de San Lorenzo), entre otras.

María Stma. en su Soledad
Hdad. de la Soledad de San Lorenzo.
PA

El Rito Litúrgico mariano: las Coronaciones Canónicas

Pablo Borrallo

La Coronación Canónica es un rito litúrgico católico, que hunde su origen en el siglo XIII y que fue incorporado a la liturgia romana ya en el siglo XIX, siendo empleado para dar realce a la devoción a una determinada advocación mariana. Un rito que consiste en la imposición por el Obispo de la Diócesis de una corona sobre las sienes de la Virgen en cuestión.

Con carácter precedente, y para logar la Coronación Canónica, es necesario hacer una demostración tanto de la antigüedad como de la distinguida y especial devoción que el pueblo tributa a una imagen. Toda vez que queda demostrada, es la autoridad eclesiástica quien autoriza a realizar la Coronación Canónica, como símbolo de devoción especial por una determinada talla de la Virgen que acerca a los devotos aún más a la Madre de Dios. La devoción a las imágenes de María se manifiesta exornando su cabeza con una corona real en clara alusión a su inmenso poder como reina del universo. Históricamente, la Iglesia Católica ha apoyado este tipo de iconografía, permitiendo a obispos y sacerdotes la coronación de las imágenes, en claro testimonio de piedad popular. Desde el siglo XIX se extienden las coronaciones canónicas al incorporarse a la Liturgia Romana, reafirmándose con este rito, según consta en el Ritual de la Coronación Canónica de una imagen de Santa María la Virgen, aprobada por la Congregación para los Sacramentos y el Culto Divino, que la Virgen María "con razón es tenida e invocada como reina, ya que es Madre del Hijo de Dios, Rey

Portadores de librea llevan la corona hacia el altar Hermandad de La Trinidad. ***ASC***

Momento de la imposición de la corona por parte del cardenal Monseñor Fray Carlos Amigo a la Esperanza de la Trinidad. **ASC**

del Universo, colaboradora augusta del Redentor, discípula perfecta de Cristo y miembro supereminente de la Iglesia". La ceremonia se rige hoy día por el ritual promulgado por el Vaticano el 25 de marzo de 1981, pudiendo su concesión recaer en el propio Papa (Coronaciones Canónicas Pontificias) o en los Obispos (Coronaciones Canónicas Diocesanas).

Sería la Virgen de Montserrat la primera en España en ser coronada canónicamente en 1881. En Andalucía, la primera en ostentar ese privilegio sería la Virgen de los Reyes el 4 de diciembre de 1904. Actualmente, la Semana Santa de Sevilla cuenta con dieciséis vírgenes coronadas canónicamente: Amargura (1954), Macarena (1964), Esperanza de Triana (1984), Angustias (1988), Mercedes (1997), Gracia y Esperanza (1997), Estrella (1999), Dolores del Cerro (2002), Valle (2002), Rosario (2004), Palma (2005), Esperanza de la Trinidad (2006), La O (2007), Caridad (2009), Regla (2010), La Paz (2016) y Salud de San Gonzalo (2017).

A la izquierda:
Altar de la Coronación. ***JJ***

Pág. dcha. arriba:
La corona antes de la imposición y Monseñor Asenjo en el momento de la Coronación Canónica.

Joaquín Galán

Pág. dcha. abajo:
María Santísima de la Paz Coronada. ***JJ***

3

Simbología del Paso Procesional

Simbología del paso de Cristo

José Fernando Gabardón

En las páginas del Evangelio quedaron narradas una serie de pasajes en torno a la pasión y muerte de Cristo, antesala de su Resurrección, en la que se encerraba una de las historias más apasionantes de toda la historia de la Humanidad. Cada una se convirtió en un modelo de inspiración de otros textos, de la mano de místicos, teólogos o incluso autores no cristianos. No hay ningún género artístico, desde el teatro hasta el cine, que no intentara recrear los momentos culminantes de la vida de Cristo, por lo que las escenas del Prendimiento, la presentación ante el pueblo, los azotes en una columna, la erección de la cruz, su crucifixión, el descendimiento o el entierro se incorporaría en el léxico

Trasera del paso de Cristo de la Hdad. de las Cigarreras. *ASC*

cultural de la vida cotidiana. De esa manera, el ciclo narrativo de Cristo iría sustituyendo a los héroes y dioses que habían perfilado el mundo grecolatino en la Antigüedad. La identidad iconódula propia del pueblo andaluz favoreció la adopción desde las etapas medievales de los ciclos pasionistas, tanto en los libros minia-

Adoración de los Reyes Magos.
Paso de Cristo de la Macarena. *PA*

San Fernando. Paso de Cristo de las Siete Palabras. *FJP*

dos, hoy todavía conservados en la Catedral de Sevilla, las obras teatrales que se instalaban en los atrios y plazas de plazas y templos y en los primitivos retablos y óleos, realizados por artistas flamencos de tintes goticistas o inspirados del incipiente renacimiento. El triunfo de la concepción humanista de los pasajes evangélicos en el ámbito de la Contrarreforma dotaría definitivamente de un carácter teatralista propia de la identidad realista que se le quería dotar a estas escenas, al poder visualizar ante un pueblo llano carente de cultura la propia simbología redentora que encerraba dichos pasajes evangélicos. De esta manera, irían formalizándose los llamados Misterios de la Pasión, a los que la pintura barroca flamenca

Detalle del frontal del Paso de Cristo del Gran Poder. ***PA***

y alemana supieron darle un ritmo narrativo, como se aprecia en Rembrandt o Rubens. Los amplios talleres de artistas que surcaron el barroco sevillano supieron configurar el mode-

Detalle del Paso de Cristo de la Hdad. de la O. ***ASC***

lo del paso de Misterio, soporte material y al mismo tiempo altar itinerante de las escenas de la Pasión de Cristo. No solamente se le dotaba de una movilidad al ser portada, sino que podía ser visualizada desde todos los puntos de vista, lo que le dotaba de un realismo que en manos de los talleres de Roldán o Castillo Lastrucci se convertirían en unas de las aportaciones más vibrantes de la historia del arte sevillano. La Quinta Angustia, la Sagrada Mortaja, o el de los Caballos, salida de la gubia roldanesca, o el Prendimiento, el Beso de Judas, la Presentación al Pueblo, la Bofetá, diseñados por el maestro de la escenografía contemporánea cofrade que fue Lastrucci son prueba de ello. En los últimos años las llamadas cofradías de vísperas han ido adoptado el modelo de los antiguos maestros, al mismo tiempo que son transmisor del mensaje redentorista que en sí misma encierra estas escenas de contenido narrativo.

Simbología del paso de Palio

José Fernando Gabardón

Es muy usual la utilización de la expresión "Virgen bajo palio" para referirse a la procesión de la Dolorosa colocada sobre un armazón de madera entre varales, cubierta con un techo de terciopelo, portado por costaleros, en cuyos laterales, cubierto por módulos artesanales de plata, los llamados respiraderos, unido a los candeleros, los faroles entre la amplia gama de orfebrería, le da una prestancia de riqueza cromática. El ambiente festivo e intimista contrapuesto a su vez que lo envuelve, unido al acompañamiento musical, el olor de las flores, arropado por una gran número de personas que permanecen expectantes al paso de la procesión, nos lleva a presenciar una de las estampas más cotidianas de la vida social sevillana. Una escena que ha permanecido intacta en el tiempo a pesar de los cambios estéticos, entre ellos las concepciones tardobarroquistas de fines del siglo XVIII, con connotaciones sombrías y austeras, los planteamientos románticos típicamente decimonónicos o la irrupción del colorido festivo de los bordados y orfebrería de comienzos del siglo XX de la mano de genios como el bordador Juan Miguel Rodríguez Ojeda y el orfebre Cayetano González.

A la dcha. Paso de palio de la Amargura. *ASC*

Paso de palio del Valle. ***ASC***

La llegada al arco de la Esperanza Macarena, el paso del puente de la Esperanza de Triana, el recogimiento de la Amargura delante de las Hermanas de la Cruz, el paso de la Estrella por la calle Arfe o el intimismo de la Virgen del Mayor Dolor y Traspaso por la calle Castelar son variaciones de un mismo hecho, la exaltación de la Madre de Dios. Y es que el palio constituye en sí mismo un verdadero icono en el ámbito cultural, proyección del fervor mariano de la identidad de una sociedad, y llenos de referentes simbólicos cuyo fin es la exaltación de los dolores de María. El palio es un tabernáculo, un altar en la que se expira los sufrimientos que María padeció en la Pasión de Cristo, identificativa al mismo tiempo con los padecidos por el género humano. Al mismo tiempo, se le puede indentificar como símbolo de la Madre Iglesia, al estar situado entre los varales señalados por los apóstoles, que recorre el camino material hacia la salvación. Y además se relaciona con el carácter regio que simboliza el palio, artilugio utilizado por reyes y reinas desde la Edad Media, como atributo de su poder. En la pintura italiana del Cuatrocentto ya podemos encontrar interesantes ejemplares de la Virgen sentado con el Niño bajo un palio, identificada con la justicia, como regidora del pueblo. En la Corona de Castilla, el palio era utilizado por los Reyes para la entrada de las ciudades, como en el caso de los Reyes Católicos. En el caso de Sevilla, consta que ya en el reinado de Alfonso XI, en 1327, el monarca entró bajo palio. Su uso se extendería al ámbito religioso, especialmente con la exaltación de la Eucaristía, y extendiéndose, posteriormente, a la propia Dolorosa.

Gloria del palio de la Trinidad. ***PA***

Las imágenes secundarias: los personajes de la Pasión

Pablo Borrallo

A lo largo de la historia muchas han sido las imágenes secundarias que han pasado por los misterios de la Semana Santa de Sevilla, sin que muchas de ellas por diversos motivos hayan llegado a la actualidad. Imágenes, que como personajes propios de la Pasión recogidos en los Evangelios forman parte de los diversos pasos procesionales desde una concepción primitivamente catequética. Y es que es ese esfuerzo evangelizador o catequizador el que ha movido a los largo de los siglos a las hermandades para esforzarse en representar correctamente sus misterios, asignándole a sus imágenes secundarias un rol determinado a cada una de ellas, de manera que en el desempeño de su papel en la escena representada jugara un protagonismo simbólico destacado.

Sta. Mª Magdalena
Hdad. de la Hiniesta. *FJP*

De entre las que procesionan hoy día, son innumerables por su valor artístico o estético las que se han ganado el corazón de los sevillanos, siendo sus nombres en muchos casos los que han servido para conocer, popularmente, el paso de misterio en el que procesionan, tal es el caso del *Herodes de la Amargura*, el *Pilatos de San Benito, los Caballos de la Exaltación* o *el Caballo de Triana*, convirtiéndose muchas de ellas en símbolos propios de todo un barrio o de la propia hermandad. Imágenes, todas, que han salido de las virtuosas manos de grandes maestros de la imaginería procesional. Así, por su carácter teológico y simbólico cabe destacar la siguiente relación:

—Santa María Magdalena - Hermandad de la Hiniesta

—Herodes - Hermandad de la Amargura

—Judas - Hermandad de la Redención

—Caifás - Hermandad de San Gonzalo

—José de Arimatea - Hermandad de Santa Marta

—Pilatos - Hermandad de San Benito

—Anás - Hermandad del Dulce Nombre

—Longinos - Hermandad de la Lanzada

—Pilatos - Hermandad de la Macarena

—Centurión a caballo - Hermandad de la Esperanza de Triana

—Simón Cirineo - Hermandad de San Isidoro

Herodes. Hdad. de la Amargura. ***ASC***

Pilatos. Hdad de la Macarena. ***ASC***

Pilatos. Hdad. de San Benito. ***ASC***

Anás (en el centro). Hdad. del Dulce Nombre. ***ASC***

José de Arimatea.
Hdad. de Sta. Marta. ***ASC***

Simbología de las devociones hispalenses en los pasos procesionales

Pablo Borrallo

Nuestra Señora de los Reyes, patrona de la Archidiócesis y de la ciudad desde 1946; San Fernando, patrón de Sevilla; Santas Justa y Rufina, santas protectoras; Ntra. Sra. del Pilar, primitiva patrona de la ciudad y Santa Ángela de la Cruz, son sin duda las grandes devociones hispalenses. Aunque por la naturaleza litúrgica de las fiestas en las que se celebran, son ajenas a la Semana Santa, tienen un recuerdo especial al llegar ésta, dada su vinculación con algunas hermandades, lo que les llevará a aparecer representadas en los pasos procesionales. De todas ellas, serán Ntra. Sra. de los Reyes y Santa Ángela de la Cruz, ésta ultima por su especial vinculación

Palio de San Roque. ***ASC***

a la asistencia de pobres y menesterosos, las más representadas en la Semana Santa, siendo la santa de la Compañía de la Cruz, una titular más de la Hdad. de la Amargura, en cuyo paso de palio se puede contemplar un relicario con una reliquia suya. Cabe destacar, que es el palio de Ntra. Sra. de los Dolores (Hdad. de San José Obrero) el único que lleva una imagen de Ntra. Sra. de los Reyes y un relicario de Santa Ángela. Será en el palio de la Hdad. de la Macarena donde aparezca representada, también, una pequeña imagen de Ntra. Sra. del Pilar, patrona de Sevilla hasta 1946 y considerada así por los cronicones medievales. De otro lado, el patronazgo

Palio de San José Obrero. ***FJP***

Palio de la Macarena. ***PA***

Palio de la Milagrosa. ***PA***

Paso de palio de la Trinidad. *FJP*

de la ciudad, compartido con la Virgen de los Reyes, lo tiene el rey Fernando III el Santo, a quien cuenta la leyenda que se le atribuye la fundación de la Hdad. del Santo Entierro, tras la aparición en la Puerta Real de un Cristo yacente a una anciana imposibilitada, que tras el hallazgo superó su invalidez.

Paso de palio de la Amargura. *JJ*

Junto a estas devociones, muchas otras forman parte de la Semana Santa, apareciendo en los pasos procesionales a modo de reliquias, símbolo inequívoco de su vinculación a distintas hermandades, tal es el caso San José de Calasanz (pa-

Cautivo de Sta. Genoveva. *ASC*

lio Virgen del Subterráneo), Beato Marcelo Spínola (palio Virgen de la Hiniesta, palio Virgen de Gracia y Esperanza –San Roque–, palio Virgen de los Desamparados –San Esteban–, y peana Virgen de los Ángeles –Los Negritos–, San Fco. Javier (palio Virgen Gracia y Amparo), San Isidoro (palio Virgen de la Angustia –Estudiantes–), San Nicolás (palio Virgen de la Candelaria), San Juan de Dios (paso Cristo de La Sed), San Antonio María Claret (palio Virgen del Buen Fin –La Lanzada–), Santo Domingo de Guzmán (palio Virgen del Rosario –Monte-Sión–), San Antonio María Claret (palio Virgen de la Concepción –El Silencio–), fray Diego José de Cádiz (palio Virgen del Mayor Dolor y Traspaso –Gran Poder–) y San Juan Bosco (palio Virgen Esperanza de la Trinidad). Por su especial relevancia aparecen también en relicarios la Roca de la Agonía (paso del Cautivo de Santa Genoveva, aunque ya no procesiona) y el Hilo del Manto de la Virgen y la Piedra de la Gruta de Nazaret (palio Virgen de la Concepción –El Silencio–).

Exorno Floral: camino hacia la luz

Pablo Borrallo

Artística y simbólicamente juega un papel dentro de la Semana Santa de Sevilla la manera de presentar los pasos, ya sean de los llamados de Cristo, Misterios o Palio, desempeñando el exorno floral un protagonismo capital. Históricamente la estética en la concepción de los pasos procesionales ha ido evolucionando, pasando de la austeridad de siglos pasados a la exuberancia de la segunda mitad del siglo XX, encontrándonos en la actualidad con modelos más sobrios y moderados que no caen en excesos de otros periodos, pero donde la tónica dominante es la innovación y originalidad en la presentación floral, alcanzándose en los últimos años, en este sentido, un notable nivel.

Podemos hacer una distinción entre el exorno floral que acompaña a Cristo y el que acompaña a la Virgen María. Así, los pasos de Cristo suelen exornarse con lirios morados, en claro símbolo de penitencia; y claveles o rosas rojas, cuyo color litúrgico nos transporta a la sangre derramada por el Salvador del Mundo en su dolorosa Pasión. Igualmente, es común en los últimos años en los Pasos de Misterio el empleo de jacintos, minicalas, esparragueras, hiedras y cardos. Por contra, los pasos de Palio muestran una extensa variedad en cuanto a exornos florales. Así, bouquets y jarras se ven poblados de manera más o menos clásica por claveles blancos y por rosas, que simbólicamente se asocian a la pureza y la virginidad de la Madre de Dios. Ahí podemos encuadrar a hermandades como la Amargura, la Macarena o el Calvario (Nuestra Señora de la Presentación) que optan, tradicionalmente, para sus vírgenes titulares por claveles blancos, mientras que hermandades como la Sagrada Cena (Nuestra Señora del Subterráneo), la Bofetá (Nuestra Señora del Dulce Nombre), el Valle o El Cachorro (Nuestra Señora del Patrocinio), habitualmente, se decantan por los claveles rosas. Igualmente, es muy recurrente la utilización de orquídeas, tulipanes, camelias, lilliums, lirios blancos, nardos, gladiolos y azahares, siendo éste último tipo de flor muy empleado por la Hermandad del Silencio para el adrezo del palio de Nuestra Señora de la Concepción, por remitir, claramente, a la Inmaculada Concepción de la Virgen María.

En todo caso, y de una manera simbólica, debemos entender a las flores como auténticas alfombras o estelas que perfuman con su exquisita belleza el camino hacia el Reino de los Cielos. Su presencia en los pasos procesionales remiten iconológicamente al dulce y agradable camino, que de la mano de Jesús y su bendita madre, la Virgen María, hemos de recorrer hacia la luz eterna.

La decoración disimétrica: las Rocallas

Pablo Borrallo

Aunque el barroquismo propio de la ciudad acaba imponiéndose como tónica predominante en el estilo artístico de la Semana Santa de Sevilla, es cierto que en el ir y venir de cortejos procesionales rumbo a la Santa Catedral, observamos otros tipos de decoraciones que por su carácter específico se diferencian en mucho del resto. Así cobra un protagonismo notorio un tipo de decoración carente de simetría alguna, es decir, un estilo totalmente disimétrico conocido como Rocalla. Un estilo de decoración que por su naturaleza está inspirado en el arte chino, imitando, fundamentalmente, contornos de conchas y piedras. Como estilo ornamental, históricamente, las Rocallas tuvieron un papel muy relevante durante el siglo XVIII en la corte francesa del rey Luis XV, particularmente en toda la decoración aplicada

Paso de la Coronación de Espinas Hdad. del Valle. *SG*

Paso de Cristo de la Hdad. de San Roque. *PA*

a la cerámica, la arquitectura y el mobiliario de interior. Un tipo de decoración que trata de imitar un jardín silvestre con plantas de origen alpino acompañadas de piedras, caracterizadas por las líneas redondeadas evocando las volutas de las conchas y hojas con contornos propios del estilo Rococcó. Destacable en la decoración de las Rocallas es la utilización ornamental de plantas aromáticas como los narcisos, las campanillas, las clavelinas o clavel de los Alpes, las fuchsias, las gentianas y las plantas bulbosas en general.

Paso de Misterio de la Hdad. de la Carretería. *ASC*

Palio de la Hdad. de San Roque. ***FJP***

En el campo de las artes aplicadas a la Semana Santa de Sevilla, las Rocallas se dan en los bordados, la orfebrería y talla de pasos procesionales, pudiéndose apreciar auténticas composiciones paisajistas a modos de jardín, donde plantas y flores se intercalan con piedras y rocas de tamaño dispar, acompañándose en muchos casos de palos, escaleras, ramas, fuentes o pequeños ríos. El brillante resultado final acaba mostrándonos una visión original e innovadora de la pieza en cuestión, ya sean varales, peanas, bordados en general, respiraderos y canastillas. Hoy día, este estilo de decoración asimétrica se hace presente el Domingo de Ramos tanto en el palio y las bambalinas de la Virgen de Gracia y Esperanza de la Hermandad de San Roque, como en el paso de misterio de Jesús ante el Desprecio de Herodes de la Hermandad de la Amargura; el Jueves Santo en el conocido "Paso de los Espejitos" –diseñado por Gonzalo Bilbao– de la Coronación de Espinas de la Hermandad del Valle; durante la *Madrugá* en la peana de plata de Nuestra Señora del Mayor Dolor y Traspaso de la Hermandad del Gran Poder; y el Viernes Santo en el paso de misterio del Santísimo Cristo de las Tres Necesidades de la Hermandad de la Carretería.

Peana de Ntra. Sra. del Mayor Dolor y Traspaso. ***JJ***

El estilo "juanmanuelino"

Pablo Borrallo

Históricamente, el arte del bordado aplicado a las hermandades remonta su origen al siglo XVII, siendo la Hermandad del Valle la depositaria de los ajuares bordados más antiguos que se conocen, procedentes en su mayoría de la extinguida Hermandad de la Antigua y Siete Dolores. Será desde ese siglo XVII, cuando el uso de bordados para vestir a las imágenes sagradas o para realzar los pasos de palio se generalice, sufriendo una auténtica revolución a finales del siglo XIX y principios del siglo XX con la irrupción en ese campo artístico del que hoy es considerado como el mejor bordador de todos los tiempos, Juan Manuel Rodríguez Ojeda (1853-1930). De su ingenio y destreza artística, inspirada en viejos bordados, nacería un estilo propio y personal, al que la historia a través de escritores y periodistas, ha dado en llamar "juanmanuelino". Una manera de bordar que supuso un antes y un después en la concepción de los bordados hispalenses y que por encima de todo situó a su protagonista como el gran precursor del estilo artístico que actualmente presentan los palios que procesionan en la Semana Santa de Sevilla. Quizás el punto de inflexión de Juan Manuel tuvo lugar en 1901 con el diseño del palio de Ntra. Sra. de la Amargura, que destacaba por unas bambalinas con caídas en punta y escudos con corona en los frontales, bordado en hilo de oro sobre terciopelo de azul, en lugar del negro tradicional que se utilizaba en los palios como señal de luto en lo que constituía un auténtico compendio de elegancia y arte. A esa obra siguió el diseño del paso de palio para Nuestra Señora de la Esperanza Macarena en 1908, que sentaría las bases de la nueva corriente estética que había nacido con él en el campo del bordado. La influencia de tan preclaro bordador se hizo sentir en el diseño de túnicas, sayas, mantos y sobre todo pasos de palio. Así, en contraposición a las caídas rectas de los palios tradicionales, llamados "palios de cajón", Juan Manuel Rodríguez Ojeda comienza a diseñar palios de forma, con caídas en las bambalinas que favorecían el movimiento en el andar de los pasos. Al mismo tiempo, su influencia se tradujo, también, en una nueva manera de vestir a las dolorosas, con un gusto mucho más refinado de lo que se hacía hasta entonces, contribuyendo con esas novedosas formas a la generalización de la nueva estética, que se hizo tan popular que su imitación llega hasta nuestros días. Podemos encuadrar dentro del "estilo juanmanuelino" los pasos de palio de las hermandades de la Hiniesta, Amargura, San Benito, Candelaria, Dulce Nombre, Cristo de Burgos, Exaltación y Macarena, siendo junto a ellos, producción de Juan Manuel Rodríguez Ojeda y pese a encuandrarse dentro de los palios de cajón, las bambalinas de Ntra. Sra. de la Victoria (Las Cigarreras), Ntra. Señora del Mayor Dolor y Traspaso (Gran Poder) y Ntra. Sra. de la Presentación (Calvario).

A la dcha. Paso de Palio de la Macarena. *SG*

Las varas de luto

Pablo Borrallo

La carga de simbolismo de la que hacen gala los pasos procesionales de la Semana Santa de Sevilla podríamos decir que es casi ilimitada, ya sean pasos de Nazarenos, Crucificados, Misterios o Palios. Y ese simbolismo no siempre hace alusión a cuestiones evangélicas o teológicas, sino que en algunos casos son las cuestiones humanas las protagonistas de esos elementos simbólicos. Así, y particularmente, los pasos de palio, por ser junto al cuerpo de prestes, quienes cierran el cortejo procesional y por tanto la presidencia del mismo, van cargados en ocasiones de un tipo de elemento relacionado con la ausencia por defunción de algún miembro de la junta de gobierno de la hermandad en vigor.

De esta manera, y cuando ello ocurre, en bastantes casos vemos como los respiraderos delanteros de los pasos de palio van presididos por una vara de la junta de gobierno terciada y asida a la pieza de orfebrería por un crespón negro en señal de duelo, son las varas terciadas de luto. Las varas son junto al escudo y el es-

Vara de luto en el Paso de Palio de San Roque. ***ASC***

tandarte corporativo –"bacalao"–, el elemento más representativo de la corporación, labrándose generalmente en plata y cambiando la tonalidad al oro, parcial o totalmente, en función del cargo dentro de la junta de gobierno que se desempeñe. Por tanto, son los miembros de esa junta de oficiales los que están llamados a llevarla durante la estación de penitencia de la hermandad como sentido distintivo del resto del hermanos nazarenos o penitentes que forman parte del cortejo procesional.

Crespón de luto en un varal. *ASC*

El recuerdo de la ausencia de cualquier hermano a lo largo del año siempre está presente en las eucaristías que periódicamente celebran las distintas hermandades y cofradías por el eterno descanso de sus almas. Sin embargo, si durante el año natural fallece, tristemente, un miembro activo de la junta de oficiales o de gobierno o alguna persona de distinguida vinculación a la misma, generalmente, se toma el acuerdo de hacer notar, visiblemente, ese ausencia durante el desarrollo principal del culto externo, ésto es durante la estación de penitencia, cobrando entonces protagonismo esas varas terciadas en los respiraderos delanteros, que en algunos casos son sustituidas por crespones negros atados a los varales maestros delanteros.

Crespón de luto en la Quinta Angustia. *FJP*

Bankia
Bankia

4

Simbología Estamental

Simbolismo de los Títulos

Pablo Borrallo

Las Hermandades y Cofradías que hacen penitencia a la Santa Catedral de durante la Semana Santa presentan unos títulos o denominaciones que atienden a una simbología que conviene definir y que son el resultado evidente de sus años de historia:

—Real: símbolo de la vinculación a ella de algún monarca.

—Pontificia: símbolo de la bula papal que tiene concedida otorgándole tal distinción.

—Patriarcal: símbolo del hermanamiento que una determinada corporación posee con el Cabildo Catedralicio.

—Hospitalaria: símbolo de la vinculación a un hospital o asilo.

—Antigua o Primitiva: símbolo de antigüedad de la hermandad. Está relacionada con el lugar que ocupa la corporación en la jornada en la que procesiona.

—Ilustre: símbolo de la vinculación a ella de hermanos de notoria relevancia, relacionados en algunos casos con los estamentos nobiliarios.

—Venerable, Fervorosa, Humildad y Devota: símbolo del celo religioso y del carácter piadoso y caritativo del que hacen gala distintas hermandades.

—Hermandad o Cofradía: símbolo del estatus, regulado por el Derecho Canónico, que ha permitido a una asociación de fieles convertirse en congregación de hermanos por la Autoridad Eclesiástica.

—Mercedaria, Carmelita, Salesiana, Franciscana o Seráfica, Trinitaria y Dominica: símbolo del origen conventual de una determinada hermandad.

—Sacramental: símbolo del culto que devotamente rinde una determinada hermandad de manera especial al Santísimo Sacramento.

Esos títulos y distinciones que poseen las distintas hermandades y cofradías hispalenses, que sirven entre otros factores para diferenciar las unas de las otras, no solo quedan reflejados en sus heráldicas o escudo corporativos, sino también, en los distintos ajuares de las imágenes titulares (mantos, sallas, coronas, medallas, etc.) y en los enseres e insignias que sacan a las calles durante la estación penitencial, en claro símbolo de elementos distintivos e identificativos. Así podemos encontrar banderas pontificias, guiones sacramentales, banderas, estandartes corporativos, etc., revestidas con estos elementos identificativos.

Pág. dcha: distintas banderas, estandartes, guiones, etc. denotan el título de la hermandad (Pontificia, Sacramental, Real, etc.). *ASC*

Simbolismo Nobiliario

Pablo Borrallo

Tradicionalmente, la vinculación de diversas casas nobiliarias a la Semana Santa de Sevilla a través de distintas hermandades puede considerarse un hecho constatado. Así, a lo largo de los siglos, estos estamentos de la nobleza se integrarían en el pulso religioso de la ciudad participando de una manera más o menos destacada en la vida de las cofradías.

Cabe apuntar que los orígenes de la actual Semana Santa de Sevilla pasan por aquellos primitivos vía crucis hacia el Humilladero de la Cruz del Campo. Una devoción a la Vía Sacra asentada ya en la ciudad en el año 1521 y traída desde Jerusalén por D. Fadrique Enríquez de Ribera, primer marqués de Tarifa, rama entroncada con la Casa de Medinaceli. Desde entonces, las hermandades y cofradías de Sevilla realizarían estación de penitencia hasta ese el templete, siendo la última en hacerlo la Hermandad de los Negritos en 1873. Ya en el siglo XX, los descendientes del marqués de Tarifa deciden recuperar la piadosa devoción y crearon en el año 1956 la Hermandad de la Pía Unión, que se ha encargado de recuperar, simbólicamente dicho vía crucis, realizándose hoy día al llegar la Cuaresma, dentro de la popular "Casa de Pilatos".

Gloria del Palio de la Hdad. de las Cigarreras. *ASC*

Por su parte, la vinculación nobiliaria a la Sevilla cofrade tomaría un enorme auge en el siglo XIX con el asentamiento en la ciudad de los duques de Montpensier, que no solamente estuvieron vinculados a corporaciones como

La Lanzada o Montserrat, como iconográficamente queda reflejado hoy día en su patrimonio artístico, sino que, además, dieron un impulso notorio a la procesión del Santo Entierro, siendo paladines de la institucionalización de la procesión del Santo Entierro Grande desde el año 1850.

Ese auge nobiliario en las hermandades se vería favorecido de manera muy particular ya en el siglo XX con los lazos que establecerá el Ducado de Osuna con la Hermandad del Museo, a cuya Virgen de las Aguas cedían ajuares y alhajas, y sobre todo el vínculo que establecerá el prestigioso Ducado de Alba con las hermandades de Monte-Sión y principalmente Los Gitanos. En ello tendría mucho que ver el amor por Sevilla de Dña. María del Rosario Cayetana Fitz-James Stuart y Silva, XVIII duquesa de Alba. Como curiosidad hay que indicar que su nombre "Rosario" parece provenir del vínculo sentimental que unía a su padre con una corporación vecina del Palacio de las Dueñas, la Hermandad de Monte-Sión, de la que es titular la Santísima Virgen del Rosario. Sin embargo, su vínculo más grande lo sostuvo con la hermandad de la *Madrugá*, a la que hizo incontables donaciones. Tal es así, que a su muerte en el año 2014, las cenizas de Dña. Cayetana fueron depositadas para siempre en la Iglesia del Valle, sede de dicha hermandad.

A la dcha: Paso de Palio de la Hdad. de Los Gitanos. ***PA***

Simbolismo Conventual

José Fernando Gabardón

Escudos Mercedarios. Hdad. de Pasión. ***ASC***

La referencia conventual en el seno de las hermandades y cofradías de Sevilla ha sido una constante en su devenir histórico prácticamente desde sus orígenes, que aunque en una primera etapa fue de carácter gremial, ha llegado hasta nuestros días. Y es que muchas de nuestras cofradías surgieron en torno a una orden religiosa, donde no solo levantaron en sus templos sus propias capillas, sino que recogieron la propia vida espiritual y el carisma de las propias órdenes. Este proceso de asimilación de la vida conventual en el seno de la vida espiritual de las cofradías penitenciales se dio fundamentalmente entre la segunda mitad del siglo XVI y el XVII, que coincide con la divulgación de las ideas contrarreformistas. Y es que la cofradía se convirtió no solamente un instrumento estimulante de la divulgación de la fe católica de la orden religiosa, sino que en muchos momentos ayudaron al propio mantenimiento de los conventos, bien por alquiler de rentas por su capilla, o por la propia compra, e incluso por el propio culto. Si el instrumento vital de la ordenación de la comunidad religiosa es la regulación de una Regla, la mayoría inspirada en las de San Benito y San Agustín, en las Cofradías Penitenciales se fue incluyendo al mismo tiempo unas Reglas que en muchas ocasiones eran una imitación en esencia del carácter conventual, especialmente de las órdenes mendicantes. Los lemas de la Humildad, la Caridad o la Oración serían determinante en el carisma cofrade. Los cultos dedicados a la muerte de Cristo y a la Dolorosa nacerían en el ámbito conventual, que quedan plasmados especialmente en el espíritu franciscano, aunque sin olvidar otras órdenes, como el Carmelo, la Merced, los Agustinos o los Servitas. En los claustros ya daban cultos internos a las imágenes de Crucificados o algún Nazareno, que se convierten en verdaderos modelos en la elaboración de los Titulares de las Hermandades. Incluso muchas de las advocaciones cofrades habrían sido asumidas del mundo conventual, como el caso de la Virgen de los Dolores (Servitas), el Rosario (Dominico) o la Merced (Mercedarios). Los cultos internos propios de una Cofradía Penitencial probablemente sería reflejo del que realizaran las propias órdenes religiosas en sus propias capillas. No sería de extrañar que los predicadores de los cultos cofrades tuvieran como protagonista algún miembro de la orden, por lo que era una manera ideal de transmitir el carisma de la or-

Escudo Trinitario. Hdad. del Dulce Nombre. ***ASC***

Escudo Mercedario. Hdad. de Sta. Genoveva. ***ASC***

Escudos Carmelitas. Hdad. del Carmen Doloroso. ***ASC***

Guardabrisas de la Hdad. de Pasión. ***ASC***

den. La propia organización institucional de las cofradías penitenciales recuerda a la de las órdenes religiosas, incluso el mismo régimen de admisión de hermanos, elección de sus miembros de gobierno o incluso la identidad cristiana que debían de llevar sus componentes. El cortejo cofrade probablemente estaría también inspirado en el utilizado por las órdenes religiosas. Si hiciéramos un recorrido por la Sevilla cofrade del mundo barroco descubriríamos que la mayor parte de las cofradías habrían nacidos o estaban instaladas en algún convento. Algunos casos paradigmáticos serían el propio convento grande de San Francisco donde nacería la cofradía seráfica por excelencia, la Vera Cruz; el convento grande del Carmen, en la que estaban alojadas las cofradías de la Soledad de San Lorenzo, las Siete Palabras y las Penas de San Vicente; el convento de los Padres Terceros Franciscanos, en la que estaría vinculada a la historia inicial de las cofradías de la Entrada en Jerusalén, el Amor, y la de la Columna y Azotes (actual Cigarreras); o el convento de San Agustín, que acogía a uno de los cristos más venerados de la historia espiritual sevillana, el Cristo de San Agustín. La decadencia del modelo conventual sevillano con la llegada de las ideas de la Ilustración, la invasión francesa y las medidas desamortizadoras decimonónicas produjeron su ruptura material con el mundo cofrade. Y es que las cofradías penitenciales revivieron, viviendo posteriormente momentos de esplendor, mientras que las órdenes mendicantes sufrieron una absoluta decadencia. Sin embargo, la esencia conventual dejaría huella en la identidad cofrade hasta nuestros días. Nadie duda que una de las páginas más hermosas de la Semana Santa de Sevilla sea las visitas de las cofradías a los conventos de monjas de vida contemplativa.

Simbolismo Gremial

Pablo Borrallo

El origen fundacional de varias hermandades de la Semana Santa de Sevilla ha estado vinculado, históricamente, a los gremios profesionales. Éstos presentan un origen medieval, formando parte de ellos maestros, oficiales y aprendices. Ya en los siglos de la Edad Moderna, donde constatamos en la ciudad más de un centenar de asociaciones profesionales, fueron muchas personas relacionadas con un mismo oficio las que se vincularon corporativamente a hermandades penitenciales o gloria. Pese a que actualmente, la tendencia es abrir las corporaciones religiosas a todas las personas que quieran hacerse hermanos, aún quedan hermandades a las que por su naturaleza fundacional siguen vinculándose personas relacionadas con un tipo de gremio profesional, como reminiscencia simbólica de la tradición reinante en tiempos pasados. A pesar de ello, podemos decir que aunque el origen de varias hermandades estuvo en estas asociaciones de profesionales unidos en defensas de sus intereses, muchas otras nacieron como resultado de la escisión producida en algunos de esos gremios o como consecuencia de la participación residual que algunas personas vinculadas a ellos pudieron tener en el nacimiento o fundación de una corporación, sin que el gremio mismo tuviera vínculo alguno con ella. En el aspecto social y espiritual, las hermandades y cofradías gremiales jugaron un papel muy importante, siendo en muchas ocasiones el único auxilio económico con el que contaban las clases más necesitadas. Las cuotas que cada profesional asociado al gremio aportaba a las hermandad, revertían en muchos casos en el sostenimiento económico de sus familias para casos extremos de enfermedades o defunciones, cumpliendo así las cofradías gremiales una función asistencial, y por tanto social, verdaderamente extraordinaria. Actualmente, Sevilla cuenta con diversas cofradías vinculadas a los gremios, tales son los casos de las siguientes hermandades: Borriquita (medidores de la Alhóndiga), Estrella (alfareros y reparadores o careneros de barcos), Santa Marta (hosteleros), Veracruz (comerciantes), Museo (plateros), Buen Fin (curtidores), Es-

Llamador del Paso de Cristo de la Hdad. de la Carretería. *ASC*

Paso de misterio de Los Panaderos. ***PA***

tudiantes (profesionales y estudiantes de la Universidad), Prendimiento (panaderos), Cigarreras (tabacaleros), Monte-Sión (patronos de barcos), Macarena (hortelanos vinculados a la antigua Esperanza de San Basilio), Esperanza de Triana (ceramistas), Carretería (toneleros), San Isidoro (Cocheros), Montserrat (comerciantes catalanes de lienzos) y Sagrada Mortaja (escribanos, alguaciles y torcedores de sedas). Esta vinculación, desde un punto de vista iconográfico, tiene su proyección en enseres y ajuares tales como escudos, cartelas, canastillas, mantos, faldones, insignias, etc.

Las escoltas militares

Pablo Borrallo

A lo largo de la historia de la Semana Santa de Sevilla muchas han sido las personas pertenecientes a compañías, pelotones de soldados o miembros de fuerzas de seguridad del Estado, que a modo de escoltas militares han acompañado a los pasos de Cristo o de Virgen en su discurrir procesional hacia la Santa Catedral en claro símbolo y señal de honra y reverencia. Escoltas militares que, desde finales del siglo XIX y hasta la segunda mitad del siglo XX, constituían auténticos desfiles por la enorme participación de personas que formaban parte de esas representaciones, particularmente en tiempos del nacionalcatolicismo. Tal sería el caso de hermandades como La Paz, con una gran representación de militares del Ejército de Tierra, excombatientes de la Guerra Civil; o la Sagrada Cena, de la que el Generalísimo Franco era Hermano Mayor Honorario; las Siete Palabras, con una enorme representación de guardias civiles en alusión a la defensa que éstos hicieron del Santuario de la Virgen de la Cabeza en Andújar (Jaén); o San Isidoro, donde salía una amplia representación de aviadores en honor a la Virgen de Loreto, patrona de Aviación. Sin embargo, a raíz de la celebración del Concilio Vaticano II y la cada vez más acuciante separación Iglesia-Estado, las hermandades y cofradías hispalenses redujeron, ostensiblemente, la presencia de esas escoltas en su cortejo penitencial. Así, hoy día las representaciones

La Guardia Civil en las Siete Palabras. *JJ*

Soldados de Artillería en San Bernardo. *SG*

La Marina en el Carmen Doloroso. *ASC*

El Ejército del Aire en la Hdad. de San Isidoro. ***ASC***

Representación de los Bomberos en Los Javieres. ***PA***

son tan escuetas que en muchos casos se ciñen a unas pocas personas, que bien con varas en una antepresidencia o bien formando parejas secundando los lados el paso, le otorgan a éste una protección de honor. Actualmente, siguen siendo bastantes las representaciones de fuerzas de seguridad y protección del Estado que acompañan a las hermandades hispalenses en sus recorridos procesionales. Así, desde el inicio de la Semana Santa, vemos una aún notable participación de escoltas militares, que pueden pormenorizarse de la siguiente manera: Ejército de Tierra (Hdad. de la Paz), Cuerpo de Bomberos (Hdad. de Los Javieres), Policía Nacional (Hdad. de la San Benito), Artillería (Hdad. de San Bernardo), Policía Nacional (Hdad. de la Sagrada Lanzada), Guardia Civil (Siete Palabras), Ejército del Aire (Hdad. de San Isidoro) y Armada Real (Hdad. Esperanza de Triana). Igualmente, como clara reminiscencia de las fuerzas de seguridad de la Judea en la que murió Jesucristo, procesionan simbólicamente la Guardia Hebrea (Hdad. La Milagrosa), la Centuria Romana (Hdad. de la Macarena y Hdad. Santo Entierro). Por su carácter simbólico, es la procesión del Santo Entierro la que presenta un mayor número de escoltas, estando en el cortejo muy definida tanto la representación civil como la militar, formando parte de ésta los Ejércitos de Tierra, Mar y Aire.

Representaciones militares en el Santo Entierro. ***ASC***

5

Simbología de la Procesión

Túnicas penitentes y capirotes nazarenos: el sentido de lo penitencial

Pablo Borrallo

Los cortejos procesionales de Semana Santa están íntimamente ligados a su presencia en ellos de hermanos nazarenos y penitentes, que son los que le otorgan a las hermandades un sentido penitencial. En origen, y desde un punto de vista semántico, la palabra "nazareno" procede de la Hermandad de Nuestro Padre Jesús Nazareno (El Silencio), primitiva cofradías de nazarenos de la que el resto toma su nombre. A fines del siglo XVI, para 1578, tenemos noticias documentadas de una estación penitencial del Silencio compues-

Nazarenos de la Hdad. de Los Servitas. *PA*

Penitentes de la Hdad. de Los Negritos. *PA*

Nazarenos de la Hdad. del Baratillo. *SG*

ta por "nazarenos" vistiendo túnica de lienzo morado, con el rostro cubierto, escudo en el pecho y pies descalzos. Por mera imitación de otras hermandades se popularizó el término "nazareno" para hacer referencia a las personas que participaban en otras procesiones con atuendo similar al empleado por la Hermandad del Silencio.

Los nazarenos de las distintas hermandades y cofradías hispalenses visten el llamado "capirote", un gorro de cartón en forma de cono puntiagudo en recuerdo de los que vestían cubiertos de lienzo los disciplinantes que realizaban el vía crucis hasta el Humilladero de la Cruz del Campo. Un "capirote" que presenta un origen medieval, pues tanto a fines de la Edad Media, como durante los siglos de la Edad Moderna, la Inquisición Española impuso para los condenados por alguna causa la imposición a modo de burla y escarnio público, en señal de penitencia, de un capirote en la

Nazarenos de la Hdad. de la Sagrada Lanzada. ***JJ***

Nazarenos de la Hdad. de la Paz. ***SG***

cabeza y un sambenito sobre el cuerpo, indumentaria con la que se les conducía al cadalso. Con ese sentido penitencial, por tanto, serían los penitentes y disciplinantes, germen de la actual Semana Santa, los primeros en utilizar dicho atavío. Ya en el siglo XVII, las distintas hermandades y cofradías hispalenses adoptarían ese "capirote", que por su forma puntiaguda ascendente simbolizaba el acercamiento del penitente al cielo, si bien esos gorros se cubrirían para tapar los rostros y dar a los nazarenos un carácter de anonimato. Con el tiempo, las túnicas nazarenas evolucionaron en estilos, pudiéndose hoy día diferenciar entre distintos tipos de nazarenos, por un lado los "nazarenos de cola", que visten túnica larga recogida por un extremo al brazo, con cíngulo o esparto a la cintura, zapatos oscuros, alpargatas o descalzos; y por otro lado "nazarenos de capa", que visten túnica sin cola, cíngulo y capa que cae desde los hombros por la espalda hasta los pies. A diferencia de los nazarenos, y aunque vistan igual que éstos, los llamados "penitentes", llevan el rostro cubierto con antifaz, pero sin capirote, cayendo aquel sobre la cabeza hacia atrás y portando cruces durante la estación penitencial.

Nazarenos de la Hdad. de Pasión. ***ASC***

Nazarenos de la Hdad. de Las Aguas. ***SG***

A los que visten el escapulario

Alberto Diago

El escapulario de la Virgen del Carmen es un signo particular de unión con Jesús y María. Para aquellos que lo llevan, es un signo de filial abandono a la protección de la Virgen Inmaculada. Muchos papas o santos como San Alfonso Ligorio, San Juan Bosco, San Claudio de la Colombiere, y San Pedro Poveda, tenían una especial devoción a la Virgen del Carmen y llevaban el escapulario. Santos y teólogos católicos han explicado que, según esta promesa, quien tenga la devoción al escapulario y lo use, recibirá de María Santísima a la hora de la muerte, la gracia de la perseverancia en el estado de gracia (sin pecado mortal) o la gracia de la contrición (arrepentimiento).

Por parte del devoto, el escapulario es una señal de su compromiso a vivir la vida cristiana siguiendo el ejemplo perfecto de la Virgen Santísima. En el año 1246 nombraron a San Simón Stock general de la Orden Carmelita. Este comprendió que, sin una intervención de la Virgen, a la orden le quedaba poco tiempo. Simón recurrió a María poniendo la orden bajo su amparo, ya que ellos le pertenecían. En su oración la llamó "La flor del Carmelo" y la "Estrella del Mar" y le suplicó la protección para toda la comunidad. En respuesta a esta ferviente oración, el 16 de julio de 1251 se le aparece la Virgen a San Simón Stock y le da el escapulario para la orden con la siguiente promesa: *"Este debe ser un signo y privilegio para ti y para todos los Carmelitas: quien muera usando el escapulario no sufrirá el fuego eterno"*. Aunque el escapulario fue dado a los Carmelitas, muchos laicos con el tiempo fueron sintiendo el llamado de vivir una vida mas comprometida con la espiritualidad carmelita y así se comenzó la cofradía del escapulario, donde se agregaban muchos laicos por medio de la devoción a la Virgen y al uso del escapulario.

Penitentes de la Hdad. de Los Negritos. ***ASC***

Nazarenos de la Hdad. de La Soledad de San Lorenzo. ***SG***

Nazarenos de la Hdad. del Carmen Doloroso. ***ASC***

La Iglesia ha extendido el privilegio del escapulario a los laicos. Decía el Papa San Juan Pablo II: "*La medalla-escapulario tiene en una cara la imagen del Sagrado Corazón de Jesús y la imagen de la Bienaventurada Virgen María en su reverso*". En 1910, el Papa Pío X declaró que, una persona válidamente investida en su escapulario de tela podía llevar la medalla-escapulario en su lugar, provisto que tuviera razones legítimas para sustituir su escapulario de tela por la medalla-escapulario. Ahora bien, el Papa Pío X y su sucesor, el Papa Benedicto XV, expresaron su profundo deseo de que las personas continuaran llevando el escapulario de tela cuando fuera posible, y que no sustituyeran el escapulario de tela por la medalla escapulario sin que medie primero razón suficiente. En Sevilla, hermandades como el Carmen Doloroso, las Siete Palabras, los Negritos y la Soledad de San Lorenzo, portan hábitos nazarenos con esta semblanza sacramental y espiritual de María.

La luz del mundo: los cirios de los nazarenos

Alberto Diago

"*Vosotros sois la luz del mundo*" (Mt 5,14) Los nazarenos de la Semana Santa de Sevilla son luz en cada estación de penitencia, alumbrando así el camino al Señor y a nuestra Madre la Virgen María, portándolo en dos formas de manera vertical o el tan llamado uso "al cuadril", más del modo de hermandades más serias, más de negro, como pueden ser Gran Poder, Silencio, Calvario, Amor, Amargura…

La luz debe vencer a las tinieblas de este mundo, los nazarenos de Sevilla, deben llevar al encuentro con Dios, a esa vida eterna, donde Cristo debe ser un nuevo amanecer, por lo tanto dejémonos conducir por esta luz verdadera que es Jesucristo, vivamos de ella y no nos dejemos morir por esas tinieblas que arrastran la mundanidad de este mundo.

"El que me sigue no caminara en tinieblas, sino que tendrá la luz de la vida", debemos alumbrar el camino del Señor, dar testimonio con nuestra vida, el Nazareno y en consecuencia el cristiano es luz del mundo, es esa antorcha que con el ejemplo de su vida, lleva la luz de la verdad a todos.

La luz del mundo. ***ASC***

Diputado encendiendo un cirio nazareno. ***PA***

Camino de luz. ***ASC***

Cirios arriba en la Amargura. ***JJ***

El encuentro con Cristo ilumina la vida con una nueva luz, nos conduce por el buen camino y nos promete ser sus testigos, nos hace penetrar más profundamente en el misterio de la fe viviendo la sal y la luz de nuestra realidad. La fe por tanto es una decisión personal que compromete toda la existencia.

Hay que encontrarse con Jesucristo, con el deseo de conocerlo cada vez más y el compromiso de anunciar el Evangelio. Los nazarenos deben ser cristianos de fe viva, donde ha de resplandecer la caridad con toda la fuerza, la preocupación por los demás y el amor en las necesidades del otro.

La Santidad es el contacto profundo con Dios, es hacerse amigo del Señor, por tanto cada nazareno en su estación de penitencia, deber llevar el Evangelio, para que sea el gran criterio que guíe las decisiones y el rumbo de nuestras vidas.

El simbolismo de la Purificación: las nubes de incienso

Alberto Diago

Y el corazón del pueblo se estremecerá de alegría. ¿Qué hace el hombre puro? ¿Cuál es la auténtica fuerza de la purificación? ¿Cómo se llega a la limpieza del corazón? Estas fueron algunas de las preguntas que hizo. En otro pasaje del Evangelio, el Señor dice a los suyos: *"Vosotros sois puros, gracias a las palabras que he anunciado. Llegamos a ser puros por medio de la Palabra, con la verdad, el amor y la amabilidad que vienen de Dios, el hombre se vuelve puro y verdad, amor y amabilidad se encuentran en la Palabra de Dios, que nos libera de la desmemoria en un mundo que no piensa más en Dios. La Palabra de Dios vale mucho más que las palabras, porque a través de las palabras encontramos la Palabra de Dios y a Dios mismo. Nosotros encontramos la Palabra en los que reflejan a Dios, en los que nos muestran su cara y su sencillez, su ternura, su sinceridad"*, aseguró. *"Esperamos que el Señor nos conceda esta limpieza del corazón a través de la Verdad que viene de Dios: esta es la fuerza de la purificación. Suba mi oración como incienso en tu presencia. En el bautismo de Jesús los cielos se rasgaron* (Mc 1,10) *y en el momento de su muerte se rasgó el velo del templo que separaba la mansión de Dios de la morada de los hombres* (Mc 15,38). *No hay ya ningún velo en el cielo que impida que suban nuestras oraciones, o que penetren "más allá del velo"* (Hb 6,20).

Acólitos al pie de la Giralda. ***ASC***

En el Deuteronomio Dios amenaza con dar a los hombres *"cielos de bronce"* (Dt 28,23). Esos cielos de bronce, son cielos que parecen cerrados como si toda comunicación entre el cielo y la tierra estuviese cortada por un muro de bronce. Pero en el bautismo de Jesús esos cielos quedaron definitivamente rasgados, y por eso ahora es siempre posible tener acceso al santuario, porque hay un *"camino nuevo y vivo inaugurado para nosotros"* (Hb 10,20). Jesús le prometió a Natanael y a todos nosotros: *"Veréis el cielo abierto, y a los ángeles de Dios subir y bajar sobre el Hijo del Hombre"* (Jn 1,51). Si el cielo está abierto, nuestra pequeña nube de incienso puede subir y llegar hasta la presencia de Dios. Y además es una nube aromática, que agrada a Dios y perfuma su altar. Con una fuerte expresión antropomórfica, el Génesis dice que Dios aspiró el calmante aroma de la oración y el sacrificio de Noé (Gn 8,21), Dios aspira también el aroma de nuestras oraciones. ¡De qué manera tan distinta oraríamos si estuviésemos seguros de nuestra oración agrada a Dios!

Nube de incienso en Santa Marta. ***JJ***

Nube de incienso en El Buen Fin. ***FJP***

Nuestras Hermandades a través del Acolito Turiferario utilizan el incienso para elevar la plegaria del pueblo a través de las imágenes, Eso es lo que viene a recordarnos la nube de incienso con su dirección ascensional y con su aroma. Pero además, la fragancia de la oración no sólo sube hasta el cielo, sino que también deja la Iglesia perfumada. *"La casa se llena de la fragancia del perfume"*, como aquella sala de la casa de Betania (Jn 12,3).

La Corte de Dios: acólitos, pertigueros, pajes y servidores

Pablo Borrallo

Igual que la cohorte celestial, tal y como señala la Biblia, está compuesta por diversos seres, es decir, Querubines, Serafines, Tronos, Dominaciones, Virtudes, Potestades, Arcángeles, Ángeles y Principados, cada uno de ellos con sus funciones específicas, la presencia de Dios en las calles de Sevilla durante la Semana Santa viene precedida por una serie de personajes que simbolizan la Corte de Dios, personajes todos que por el sentido iconológico que inspiran, dotan a las estaciones penitenciales de enorme solemnidad, siendo su presencia la que marca el camino hacia

Acólitos turiferarios. ***PA***

Pertiguero. ***ASC***

Cuerpo de acólitos con ciriales. ***PA***

Cristo. Toda una auténtica corte humana cofrade, que se sitúa delante de los pasos teniendo cada uno unas atribuciones específicas y que sirven en su conjunto para anunciar a los fieles la presencia de Dios. Comenzando por los acólitos, visten albas blancas y dalmáticas, siendo portadores de ciriales o de incienso, en función de los cual son llamados de una manera u otro. Así existen dos grupos, los "acólitos ceriferarios", que son los que portan luz, testimoniando la llegada de un Dios que se hace presente; y los "acólitos turiferarios", que portando incensarios, purifican el lugar por donde Cristo ha de pasar, recordando que Dios viene sobre un altar itinerante, dando sentido a esa Iglesia que camina en procesión. Junto a ellos, debemos reparar en la figura del pertiguero, persona que vistiendo ropón y medallón en el pecho, ordena los movimientos de los acólitos con su pértiga, al modo versallesco de los servidores reales, que con golpes de pértiga anunciaban a la corte la

Servidores de librea en la Soledad de San Lorenzo. ***SG***

llegada o la presencia del rey. Conjuntamente con los acólitos y los pertigueros, juegan un papel muy destacado dentro de esta simbólica corte, dos figuras más. De un lado los monaguillos, que visten sotana, roquete y sobrepelliz, y que tienen la función de auxiliar a los acólitos, portando las navetas con incienso o las pastillas de

Detalle de la librea de los "sediaris". Hdad. del Silencio. ***ASC***

carbón; y de otro lado los pajes, también conocidos como servidores de librea, por el uso del atuendo de librea (casaca abierta de tela oscura con galones en oro), cuya función es la de estar al servicio la hermandad, siendo mensajeros para transmitir cualquier indicación procedente de los distintos diputados de la cofradía, estando su presencia ante los pasos concebida a modo de acompañamiento. En general los servidores de librea acompañan a los pasos procesionales o a la Cruz de Guía de la cofradía, siendo muy común la participación de libreas en las hermandades más serias, tal es el caso de Veracruz, San Vicente, San Isidoro, La Mortaja o los Servitas, siendo en la Hdad. del Silencio donde estos libreas o lacayos son conocidos como "sediaris" o "portiaris", por tener un atuendo similar a éstos últimos o por su parecido a los portadores de la silla gestatoria del papa en las grandes solemnidades. Este es, por tanto, el sentido simbólico de todos estos personajes, ser la corte de Dios durante el recorrido procesional.

6

Simbología en la Semana Santa

Abrazado a la Cruz: el Cristo de la Corona y Jesús Nazareno

Pablo Borrallo

La iconografía de Jesús abrazado a la Cruz ha sido muy recurrente en el arte cristiano a lo largo de los siglos. Tenemos varios ejemplos en la pintura o la escultura que dan buena cuenta de ello, cabiendo significar los casos de la pintura *Cristo abrazado a la Cruz* del Greco, realizada entre 1597 y 1600, que se exhibe en una de las salas del Museo del Prado de Madrid, o la conocida escultura del *Cristo de la Minerva* realizada en mármol por el genial artista Miguel Ángel, hacia 1521, que se encuentra en el altar mayor de la iglesia de Santa Maria sopra Minerva de Roma.

Retablo de San Juan Bautista Convento de Sta. Ana. ***ASC***

Penitentes de la Hdad. del Silencio. ***ASC***

Cristo de los Ajusticiados. ***Luis de Vargas***

Cristo abrazado a la Cruz. ***El Greco***

Iconográficamente, Jesús de Nazaret, erguido y en posición *contrapposto,* camina rumbo al Monte Calvario abrazando y al mismo tiempo sujetando la cruz, mientras su mirada se pierde en el infinito, inspirando su rostro, entereza y divinidad.

En la ciudad de Sevilla dos son las imágenes procesionales que se encuadran dentro de esta descripción iconográfica, el Cristo de la Corona (anónimo, siglo XVI), que se venera en la Parroquia del Sagrario de la Catedral; y Nuestro Padre Jesús Nazareno (atribuido a Francisco de Ocampo, 1609), titular de la madre y maestra de las cofradías hispalenses, la Hermandad del Silencio, que se venera en la Iglesia de San Antonio Abad. A ambas, habría que sumar, con cierta certeza, por la tipología que presenta, la talla de Nuestro Padre Jesús de la Salud (anónimo, siglo XVII), titular de la Hermandad de la Candelaria.

Stmo. Cristo de la Corona. ***SG***

Ntro. Padre Jesús Nazareno. Hdad. del Silencio. ***ASC***

Esa iconografía del abrazo de la cruz por el tramo más largo será las más extendida entre las representaciones de Jesús Nazareno a lo largo del siglo XVI en la imaginería que conocemos, más aún siendo auspiciada desde mitad del citado siglo por el Concilio de Trento. Los imagineros establecidos en Sevilla pudieron inspirarse con casi total seguridad en la conocida pintura del *Cristo de los Ajusticiados,* realizada por Luis de Vargas, y que después sería sustituida por otra en el siglo XVIII, que se encuentra en una capilla enclavada en las gradas de la Catedral y ante la que encomendaban su alma los condenados a la pena capital en su procesión desde la Cárcel Real hasta Tablada, lugar donde hallaban la muerte.

La Guardia Hebrea: el Valle Cedrón

Pablo Borrallo

La conocida como "Guardia Hebrea" o "Guardía Judía" de La Milagrosa podemos considerarla, ciertamente, como una de las grandes aportaciones de las hermandades de vísperas a la Semana Santa de Sevilla. Desde el año 2010, Sevilla, por medio de la Hdad. de La Milagrosa, cuenta con una guardia judía que a modo de escolta de honor acompaña al imponente paso de misterio del barrio de Ciudad Jardín. Un paso, que presidido por Nuestro Padre Jesús de la Esperanza en el Puente Cedrón (José Antonio Navarro Arteaga, 2008), tiene su origen en el episodio de la Pasión que relata el Evangelio de San Jun, 18-1: *"Salió Jesús con sus discípulos al otro lado del torrente Cedrón donde había un huerto, en el que entró Jesús acompañado de sus discípulos"*. Detrás de dicho paso desfila solemnemente un escuadrón hebreo formado por 33 guardias judíos, dos tallados acompañando al Señor de la Esperanza en su paso procesional, y treinta y uno, de carne y hueso, personas ataviadas con atuendo de la época, según diseño del propio José Antonio Navarro Arteaga, que portan en sus manos espadas, sogas, antorchas y palos, en lo que supone todo un esfuerzo catequizador, pues tal y como narran las Sagradas Escrituras, la cohorte que fue a prender a Jesús en el Huerto de los Olivos iba cargada de los mencionados elementos. Es por ello, que para dar al cortejo un tinte teatralizador, la tropa, en formación de a tres, se dispone detrás del paso de misterio para incidir notoriamente, en que las personas que fueron a prender al Salvador del Mundo eran una auténtica muchedumbre o tropa. El origen de esta "Guardia Judía" fue fortuito, pues nació al amparo de algunos miembros de la junta de gobierno de la propia corporación de vísperas, que entretanto seguían la evolución de las vestimentas que habían de llevar los judíos que acompañarían a Jesús en el paso, propusieron como iniciativa relevante y original la creación de una escolta de honor que acompañara detrás al paso de misterio, siguiendo los mismos esquemas formales propuestos por el escultor para las imágenes secundarias. Una vestimenta basada en el uniforme original que vestían los soldados del Sanedrín Judío, que se tomó de bocetos realizados por expertos arqueólogos estudiosos de los yacimientos de la Judea que vio morir y resucitar a Jesús. Históricamente, sabemos que el Sanedrín contaba con una guardia propia, ajena a la romana, que se encargaba de las detenciones, contando para éstas con un armamento, realmente limitado, particularmente, espadas cortas, desechadas por los romanos, sogas y palos. Sería esta Guardia la que detuvo a Jesús tras el beso traidor de Judas, conduciéndolo hasta el Sanedrín a través del Valle Cedrón, y es por ello, que fiel al pasaje y con una intención evangelizadora, La Milagrosa lo recuerda cada Sábado de Pasión.

Pág. dcha: detalles de la Guardia Hebrea
Arriba. ***PA*** – Centro y abajo. ***ASC*** – Derecha. ***JJ***

La primera en Campana: la Venia de la Borriquita

Pablo Borrallo

Un auténtico símbolo del Domingo de Ramos, el despertar de la añoranza y la nostalgia de todo una año de espera, la luz de la primavera, el estreno y la ilusión contenida, la explosión de la alegría y el júbilo cofrade... los nazarenos blancos de la Borriquita se acercan a la Campana y ello supone el comienzo, esta vez de verdad, de un nuevo sueño, una nueva Semana Santa.

Cada Domingo de Ramos, Sevilla es testigo del comienzo de su Semana Santa cuando la Borriquita, jubilosa, tras descender por la popular "rampa del Salvador", se abre paso hacia la carrera oficial, custodiada por un mar de niños, aprendiendo a ser nazarenos. Una marea de pequeños cofrades vestidos de blanco, que son cada año los primeros en llegar a la Campana. A ellos se les abrirán por primera vez las puertas de la Catedral.

Antes, la Hermandad del Amor, a cuya corporación pertenece el misterio de la Borriquita, pide la preceptiva venia en el palquillo de autoridades instalado por el Consejo General de Hermandades y Cofradías en la plaza de la Campana. Allí, son los nazarenitos blancos, los niños de la Borriquita, los encargados de cumplir con el debido formulismo. Así, la pureza y la inocencia de esos niños a los que Jesús pedía, insistentemente, dejar que se les acercaran,

La venia de la Borriquita. *Luis Manuel Jiménez*

piden con esas voces angelicales poder un año más realizar estación de penitencia. Es la "venia de la Borriquita", todo un símbolo para Sevilla y para su semana de Pasión.

La calle Sierpes, la plaza de San Francisco y la avenida de la Constitución ven pasar a la cofradía de los niños por antonomasia. Pequeños nazarenos que portan cirios, velas, palmas, varas y canastillas, a modo de diputados de tramo, vistiendo túnicas blancas de cola con la cruz de Santiago roja en el pecho y cinturón de esparto, a diferencia del resto de la cofradía del Amor, cuyos nazarenos, adultos, visten túnica negra.

Desde ese momento, Sevilla, guardiana de sus tradiciones, se engalana para recibir al Señor con palmas y ramos de olivo, tal y como en la antigüedad se recibían a los emperadores. El misterio de la Pasión hispalense ha comenzado. La luz, el color, la emoción y la impaciencia lo inundan todo. La "venia de la Borriquita" inaugura, un año más, una Semana Santa... una nueva ilusión.

Niños nazarenos de la Borriquita. ***SG***

Diputado de Cruz de Guía de la Hdad. del Amor sostiene un bebé en sus brazos vestido de nazareno de la Borriquita. ***SG***

Bendito el que viene en nombre del Señor: la Borriquita y Zaqueo

Pablo Borrallo

El júbilo de los nazarenos de la Borriquita, inundando la cuidad de alegría, no solo nos trae el comienzo del tiempo de la Pasión, sino que nos presenta un paso de misterio cargado de símbolos. En primer lugar, un Cristo calzado, que es el único de la Semana Santa representado así. Al igual que Moisés cuando se encuentra con Dios ante la zarza, Cristo se descalza una vez que baja del asno, pues la tierra que pisa, Jerusalén, es tierra sagrada. Junto a ello cabe también la interpretación de descalzare para dar a su padecimiento una connotación sagrada conforme a la voluntad de entrega absoluta al plan de Dios.

Jesús llamando a Zaqueo

En segundo lugar, hay que detenerse en la pequeña burra sobre cuyos lomos entra Jesús triunfante en Jerusalén entre aclamaciones movidas por palmas y ramos de olivo. Una burra a la que teológicamente debemos asociar a las virtudes de la

Zaqueo en el paso de la Borriquita.*SG*

humildad y mansedumbre, en contraposición a los caballos, símbolos de fuerza y poder. La borriquita había nacido sin saber que sobre sí iba a cargar al Hijo de Dios, que al montar sobre ella la convirtió en animal sumiso y entregado. Antes de ser desatada, la borriquita es símbolo de esclavitud de los pecados, mientras que al montarla Jesús se hace símbolo de la nueva liberación por la mansedumbre y la entrega. Símbólicamente, los cristianos debemos al igual que la borriqui-

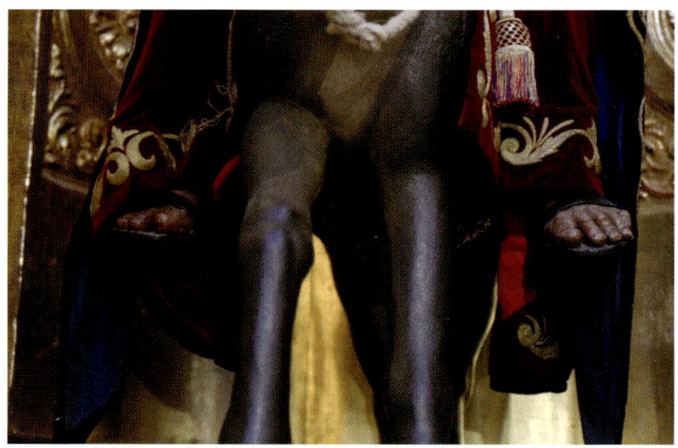

Detalle de los pies calzados del Señor de la Borriquita. *ASC*

Señor de la Sagrada Entrada en Jerusalén. ***PA***

ta, llevar sobre nuestros hombros a Jesús, para que con su palabra y ejemplo nos transforme en personas humildes y mansas, guiadas a la salvación eterna.

Por último, y en tercer lugar, hemos de detenernos en la presencia en el paso de misterio de la Borriquita de un pequeño personaje subido a la palmera: Zaqueo, hombre rico y jefe de los publicanos, recaudador de impuestos, que en su condición, y a pesar de su tamaño, miraba a los demás por encima del hombro. Sin embargo, Zaqueo, anhelante de ver al Mesías, no tiene más remedio que humillarse y trepar hasta un árbol para ver al Hijo de Dios, lo que le convierte en objeto de risas y burlas. El Zaqueo pequeño, casi invisible entre la muchedumbre, a pesar de su condición social, por mera vanidad y orgullo sube a la palmera para ver a Cristo desde lo alto. Sin embargo, la presencia transformadora de Jesús, le hace "bajarse" de su condición altiva, para acercarse a él desde la pequeñez. Jesús le pide hospedarse en su casa, y como señalan las Sagradas Escrituras, enaltecer a quien se humilla. Por ello, Zaqueo se convierte y se compromete a dar la mitad de los bienes a los pobres. Simbólicamente, la salvación llega a casa de Zaqueo, porque Jesús y la Palabra de Dios entran en la casa y los corazones de todos los pecadores arrepentidos.

Paso de la Sagrada Entrada en Jerusalén "la Borriquita". ***FJP***

La Banda Montada: el Escuadrón de la Paz

Pablo Borrallo

El Escuadrón de Lanceros y Banda Montada de la Hermandad de la Paz fue creado por la corporación del Porvenir y por el destacado Cornel de Caballería, D. Joaquín Rivero Merry, en el año 1994, para abrir paso a la procesión delante de la cruz de guía, rescatando, con ello, una antigua tradición musical, extinguida en los años cincuenta del pasado siglo XX, la costumbre del acompañamiento musical en las procesiones por las extintas bandas montadas, entre las que destacaban el Regimiento de Caballería Sagunto 7, la de la Policía Local, la de la Guardia Civil o el Tercer Regimiento de Artillería, donde se hizo célebre el conocido Brigada Rafael.

Estéticamente, el Escuadrón de la Paz viste uniforme de gala, inspirado en los dragones de Isabel II, compuesto por casaca azul, pechera y bocamanga roja, cordonería dorada de gala, casco con el escudo del escuadrón con caída de cola de caballo, cinturón con el escudo de la Hermandad de la Paz, bandolera negra, pantalón de montar blanco y guantes del mismo color. Una banda montada que, estructuralmente, queda formada de la siguiente manera:

—Escuadra de Honores: portan tres guiones: el de la Hermandad de la Paz, bordado en seda con el escudo en otro; el desaparecido Regimiento de Caballería Sagunto 7, con el lema *"Sagunto da nombre a su nombre;"* y el del Coronel del Escuadrón, de seda azul y bordado en oro con las cuatro órdenes militares (Santiago, Montesa, Alcántara y Calatrava) con el lema *"In Memoriam Coronel Joaquín Rivero Merry"*, que fue donado por la Federación Andaluza de Hípica.

—Cuerpo de Lanceros: portan seis lanzas con las banderas de España.

—Un timbal y diecisiete músicos.

Formalmente, el Escuadrón de Lanceros y Guardia Montada de la Hermandad de la Paz inicia el acompañamiento de dicha cofradía desde su parroquia de San Sebastián, concluyendo éste en la Plaza Nueva, no discurriendo, por tanto, por la carrera oficial. Durante su recorrido, interpretan toques propios del estilo de Bandas de Caballería Española y en recuerdo de esas antiguas bandas montadas, destacando marchas clásicas y composiciones como "Himno de la Caballería", "Paso Ligero", "Soldado", "Diana", etc. En definitiva, una aspiración humana de la Hermandad de la Paz que ha perseguido en su fin una doble intención, de un lado el fomento del arte ecuestre por medio de esa escuela de jinetes, y de otro lado, sin lugar a dudas, el anhelo de recuperar histórica y culturalmente la tradición cofrade hispalense de las bandas de música montadas a caballo.

A la dcha: Escuadrón de la Paz. ***SG***

La Iglesia Indivisa: las Sagradas Vestiduras

Pablo Borrallo

Llegados al punto de la crucifixión, el Evangelio según San Juan 19. 23-24 cita lo siguiente: "*Cuando los soldados hubieron crucificado a Jesús, tomaron sus vestidos e hicieron cuatro partes, una para cada soldado. Tomaron también su túnica, la cual era sin costura, de un solo tejido de arriba abajo. Entonces dijeron entre sí: "no la partamos, sino echemos suertes sobre ella, a ver de quién será". Esto fue para que se cumpliese la Escritura, que dice: "repartieron entre sí mis vestidos, y sobre mi ropa echaron suertes". Y así lo hicieron los soldados*".

El Expolio. ***El Greco*** (1577-1579)

La plaza de Molviedro, cada Domingo de Ramos, nos acerca el pasaje evangélico de Jesús Despojado de sus Vestiduras momentos antes de ser asido al madero. Desde un prisma iconológico, la túnica sagrada del Salvador del Mundo, de una sola pieza, sin costuras de arriba a bajo, tal y como se cita en la Sagrada Biblia, simboliza la Iglesia indivisa de Dios, esa Iglesia que Jesús nos legó a través de Pedro y que no debe ser descosida por los hombres. Por lo tanto, las sagradas vestiduras pueden considerarse un símbolo de unidad para los cristianos, pues al ser tejida de una sola pieza y ser inconsútil, los soldados romanos no la dividieron, sino que optaron por repartila echándola a suerte.

Ntro. Padre Jesús Despojado de sus Vestiduras. ***JJ***

Históricamente, las vestimentas sin costuras se reservaban para el Sumo Sacerdote, con la diferencia de que éste la llevaba como manto y Jesús la utilizaba como túnica. Simbólicamente, Jesús con su muerte se convierte en el verdadero Sumo Sacerdote del pueblo de Israel, convirtiendo con ello su túnica en vestimenta redentora, una redención que los cristianos alcanzamos al ser bautizados en su Iglesia. Por ello, los cristianos debemos de ser conscientes de que cada vez que contravenimos los Mandamientos de la Ley de Dios, estamos despojando a Cristo de esas vestiduras, atentando contra los sagrados preceptos que nos dejó a través de esa sólida piedra hace más de dos mil años y por lo tanto quebrando su unión.

El paso de Ntro. Padre Jesús Despojado de sus vestiduras entrando en Campana. *JJ*

Así, en la contemplación del paso de misterio de Jesús Despojado los cristianos estamos llamados a ver lo indivisible de la Iglesia de Dios y, al mismo tiempo, a despojarnos del viejo hombre pecaminoso anterior a la venida de Cristo, para por contra, vestirnos con las nuevas ropas que nos trae Jesús, invitándonos con ellas a la búsqueda de Dios por medio de la justicia y la verdad. Igualmente, la túnica sagrada es una advertencia a la propia Iglesia Católica, que llevada por hombres se ha de mantener fiel a sus orígenes, siendo consciente de que su unidad es un legado de Dios por medio de Jesucristo, cuya indivisiblidad no debe ser rota por debilidades o errores humanos.

El "Roris derramado": el pan de la Cena

Pablo Borrallo

La palabra "rocío", muy comúnmente utilizada en Andalucía para dar nombre a niñas, procede del latín "rocisus", pudiendo interpretarse como "la gracia derramada". Desde un punto de vista teológico, la Iglesia Católica se vale de la palabra rocío para hacer referencia a la gracia que Dios derrama o rocía sobre nosotros.

Cabe indicar, que durante los primeros diez siglos de la cristiandad, las celebraciones litúrgicas vendrían determinadas por el rito hispanomozárabe, hasta el establecimiento del Misal Romano por el papa Gregorio VIII a finales del siglo XI. Hasta entonces, todos los ritos hispanomozárabes derivarían de la primera fracción del pan que realizaban los Apóstoles según las indicaciones de Jesús para conmemorar su Pasión, Muerte y Resurrección a través de la Eucaristía. Precisamente, el misal hispanomozárabe se vale del "roris" para hacer referencia a la festividad del Espíritu Santo, alusión ésta reforzada por el arzobispo de Sevilla, San Isidoro, que alude a ella como la festividad del "Roris derramado", recogiéndose así en la liturgia visigoda.

Una gracia que Dios rocía por medio del Espíritu Santo, que hace que se derrame en el sagrado misterio de la Eucaristía, para convertir el pan y el vino, a través de la transustanciación, en el cuerpo y la sangre de Cristo. Es por tanto el "roris derramado" el artífice del misterio eucarístico con el que conmemoramos la presencia entre nosotros de Jesús Resucitado. Por ese rocío, por esa gracia que derrama el Espíritu Santo, el amor de Dios queda derramado sobre nuestros corazones. Así, cuando participamos de la Eucaristía, al comer el pan comemos del cuerpo de Cristo y por tanto de su palabra salvadora. El gesto de partir el pan, que se hace visible en el misterio de la Sagrada Cena es signo de la Pasión de Cristo. El pan que se recibe es el Cuerpo de Cristo, entregado a la muerte, el cuerpo roto hasta la Cruz.

El paso de misterio de la Hermandad de la Sagrada Cena, desde los Terceros, nos acerca cada Domingo de Ramos la bendición del pan y del vino por parte de Jesucristo, quien nos anima a participar de su propio cuerpo y de su propia sangre para alcanzar la salvación. Los priostes de la corporación cambian cada año el pan que se coloca sobre la mesa, utilizando un pan sin levadura, más puro, pues en las Escrituras, la levadura simboliza el pecado, mientras que el pan sin levadura, junto con el vino, representa la nueva alianza con Dios.

Pág. dcha: detalle de la mesa del paso de misterio de la Hdad. de la Cena. *ASC*

Dios abrirá, rey entrará: Gracia y Esperanza y las llaves de la ciudad

Pablo Borrallo

Llaves de la Ciudad que se encuentran en la Catedral de Sevilla. ***ASC***

Contemplar el Domingo de Ramos es deleitarse con la explosión de alegría que traen a la Carrera Oficial las primeras hermandades que hacen estación de penitencia hasta la Santa Catedral. Hermandades que pasean su fe, su historia y su patrimonio artístico, estando este último cargado de símbolos. Un caso muy particular se da en la dolorosa titular de la Hdad. de San Roque, Ntra. Sra. de Gracia y Esperanza, en quien colgando de su fajín podemos observar unas llaves. Se trata de las simbólicas llaves de la ciudad de Sevilla, réplica de las que se conservan en la S.M.I. Catedral. Podemos apuntar que esas llaves originales de la ciudad de Sevilla, custodiadas en la sede metropolitana, constituyen un juego de piezas realizadas en hierro fundido, plateado, y dorado, cronológicamente, fechadas en la segunda mitad del siglo XIII, conteniendo una expresión musulmana y otra castellana. Así en árabe se puede leer *"al-Amr kullu-hu li-Ll-h"* que se traduce como *"Todo el poder pertenece a Dios"*, mientras que en castellano se puede leer la fórmula: *"Dios abrirá, rey entrará"*. En su conjunto son textos de enorme carga doctrinal, pues hacen alusión al carácter todopoderoso de Dios, al que todo pertenece, siendo a Él a quien corresponde decidir a quien abrir las puertas de la ciudad. Históricamente, las llaves, claro símbolo de conquista, fueron entregadas al rey Fernando III por judíos y musulmanes tras la toma de Sevilla el 23 de noviembre de 1248, acontecimiento del que se hizo acopio el pintor Francisco Pacheco en el siglo XVII con la pintura la *Toma de Sevilla por el rey San Fernando*. Esas llaves tienen

San Fernando recibe las llaves de la ciudad del Rey Axafat. Catedral de Sevilla. ***Francisco Pacheco*** (1634)

Detalle de las llaves de la Ciudad
Hdad. de San Roque. ***ASC***

Las llaves en el fajín de Ntra. Sra. de Gracia y Esperanza. *ASC*

su presencia en la Semana Santa hispalense, portándola hoy día, la Virgen de Gracia y Esperanza, a quien se la concedió el Excmo. Ayuntamiento de Sevilla en el año 2002, en virtud del Reglamento de Honores y Distinciones que rige en el Cabildo Municipal, siendo entregada a la corporación de San Roque el 30 de mayo, día de San Fernando. Una distinción que se entregó en virtud de la enorme relación que guarda el Excmo. Ayto. con la citada hermandad, debido a que el Stmo. Cristo de San Agustín, titular de la misma, está considerado la imagen Patrona y Bienhechora del organismo municipal, desde que en 1649 eliminara la epidemia de peste que asoló a Sevilla. Por ello, la corporación acude con una representación a todos los cultos y escolta con uniforme de gala el palio de la Virgen. Las llaves de la ciudad fueron entregadas a la Virgen de Gracia y Esperanza en claro símbolo de respeto y admiración, cual Reina que habita en la ciudad como propietaria de la misma. Actualmente, la dolorosa luce tal honor tanto en el besamanos, que se celebra el 18 de diciembre, como en la procesión del Domingo de Ramos.

Palio de Ntra. Sra. de Gracia y Esperanza Hdad. de San Roque. *ASC*

La túnica blanca de los locos

Pablo Borrallo

Desde un punto de vista meramente histórico, desconocemos qué tipo de túnica utilizó Jesucristo, si bien cabe presuponer que fuera una pieza de lana o lino en color crudo. A pesar de ello, sí sabemos por los Evangelios que el Hijo de Dios fue burlado por Herodes, quien le colocó una túnica blanca tal y como nos los recuerdan los evangelistas en ese pasaje de la Pasión.

La Semana Santa de Sevilla representa ese momento en el misterio de Jesús del Silencio en el Desprecio de Herodes (1697, atribuido al taller de Pedro Roldán), titular de la Hermandad de la Amargura. En él se representa a Cristo vistiendo una túnica blanca ricamente bordada en señal de divinidad. Una túnica blanca, que a pesar de no ser la única de ese color que procesiona durante la semana mayor hispalense, sí es la única que se asocia a ese episodio de la pasión, siendo Jesús del Silencio ante el Desprecio de Herodes conocido como el "silencio blanco".

Por tanto, la elección del color de esa túnica para el atuendo del Señor cautivo no atiende a capricho, muy por el contrario tiene un sustento evangélico enorme, pues con esa túnica blanca da comienzo la burla infame y el desprecio que tuvo que soportar el Hijo de Dios. Y es que Herodes colocó a Jesús un atuendo

Ntro. Padre Jesús del Silencio. Hdad. de la Amargura. *JJ*

blanco que, en la Judea de la época, se asociaba a las personas que habían perdido la cordura, en claro símbolo de desprecio hacia aquellos a quienes se consideraban locos.

Hasta ese momento, Jesús había sido considerado por los judíos como un conspirador, de ahí que lo llevaran ante el procurador Pila-

Primer plano de Ntro. Padre Jesús del Silencio. *PA*

Ntro. Padre Jesús del Silencio en su paso procesional. *PA*

tos, que creyendo no tener jurisdicción sobre él lo remitió a Herodes Antipas, quien en ese instante del proceso deja de verlo como un sedicioso para tomar sus obras y milagros como propio de la locura de quien se cree un enviado de Dios. El silencio de Jesús ante las burlas de Herodes llevan a éste a enviarlo de nuevo a Pilatos vestido como un ser despreciable que ha perdido el juicio. El admirado Maestro pasa desde entonces a recibir todo tipo de ofensas y burlas. Tildándolo de insano mental, Herodes representa a los cristianos que consideran una locura llevar la cruz, mientras la túnica blanca representa la cordura de un mensaje de amor para salvación de una humanidad loca. Bendita locura la del Hijo de Dios.

El esplendor del poema sinfónico: la marcha "Amarguras"

Pablo Borrallo

La marcha cofradiera ostenta, sin duda alguna, el honor de ser la marcha religiosa más admirada y respetada en Sevilla, contando a lo largo de su historia con grandes compositores entre los que cabe destacar a José Font Marimón, Vicente Gómez Zarzuela, Manuel Pérez Tejera, José Font de Anta, Manuel Font de Anta, Manuel López Farfán, Manuel Ruiz Vidrié, Pedro Braña, Antonio Pantión, Pedro Gámez Laserna, Pedro Morales, Abel Moreno, José Albero, Manuel Marvizón o Paco Lola, entre otros.

De entre todas las marchas compuestas para la Semana Santa de Sevilla, ya sea en la modalidad de "marchas fúnebres" o en la modalidad de "marchas de palio", cobra una singular importancia la marcha "Amarguras", compuesta por Manuel Font de Anta, en honor de la bella dolorosa (anónima, siglo XVII) de la Iglesia de San Juan Bautista, vulgo "San Juan de la Palma"y estrenada en el año 1919 por la Banda Municipal de Sevilla. Con casi total certeza, podemos considerar la composición musical "Amarguras" como la marcha más admirada por los cofrades. De hecho, fue tal la resonancia que tuvo su estreno, que los propios sevillanos encumbraron a la citada marcha como la composición más emblemática de la Semana de Pasión hispalense, siendo los sones de "Amarguras" signo de esplendor musical y paradigma de la música cofrade. Al tiempo, "Amarguras", título que con el paso de los años se singularizó en "Amargura" guarda la esencia de las brillantes marchas que se compusieron en el primer tercio del pasado siglo XX, ostentando hoy día la condición de icono musical cofradiero y de uno de los símbolos más representativos de la Semana Santa y la propia ciudad de Sevilla. A lo largo de la historia de la música procesional, jamás una marcha cofrade, por su belleza musical, ha alcanzado las cotas de popularidad y admiración que ha alcanzado la composición de Manuel Font de Anta. Un poema sinfónico de suprema exquisitez y especial raigambre sevillana, que le ha llevado a convertirse en todo un himno de la Semana Santa hispalense.

Los sones de "Amarguras" o "Amargura" en el Teatro de la Maestranza el domingo anterior al Domingo de Ramos, antes de pronunciarse el anual pregón oficial, son el inmejorable preludio de la Semana Santa. Cuando suena "Amarguras", la Semana de Santa vuelve a la vida y Sevilla se prepara para celebrar su fiesta por excelencia, la conmemoración por las calles de la ciudad de la Pasión, Muerte y Resurrección de Cristo. La gran marcha por antonomasia, "Amarguras" es santo y seña de las composiciones musicales procesionales, un icono de la música cofrade, un emblema de Sevilla y símbolo del esplendor musical de su Semana Santa.

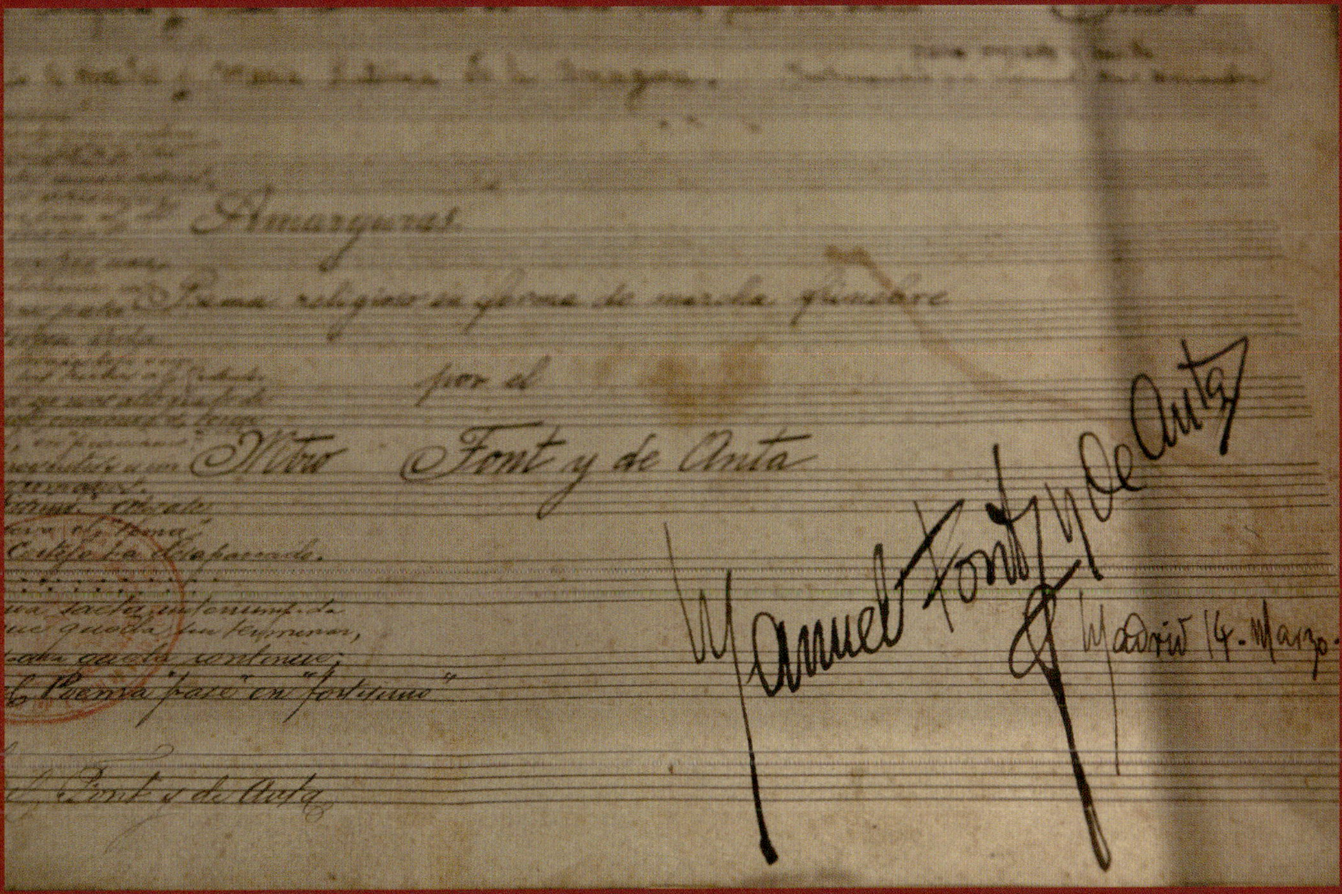

Partitura de la marcha "Amarguras" con la firma de Font de Anta. **ASC**

Todo por Amor: el Pelícano del Salvador

Pablo Borrallo

Indudablemente, una de las hermandades que más carga simbólica presentan el Domingo de Ramos hispalense es la Hermandad del Amor, simbolismo éste que se extiende desde el paso de misterio de la Borriquita, explicado en capítulos precedentes, hasta el paso del crucificado y el majestuoso palio de Nuestra Señora del Socorro.

Así, si nos detenemos en la observación del paso del Santísimo Cristo del Amor (Juan de Mesa, 1620), vemos como en la parte trasera y a los pies de la cruz, aparece un pelícano blanco que se abre con su pico el pecho para dar de comer a sus tres crías. Es el conocido "Pelícano del Amor", una talla a la que bien pudiéramos considerar como una auténtica imagen secundaria o incluso una alegoría de la Semana Santa, tanto por su significado teológico, como por su significado simbólico.

De hecho, el acto que realiza el pelícano es expresión del sacrificio completo que hace de sí mismo por amor a sus crías, por lo que en la simbología cristiana podemos interpretarlo y compararlo con el mismo sacrificio que Jesús realizó por todos nosotros, lo que le llevará a su propia propia muerte, también por amor, en lo que supone un acto de suprema entrega a los hombres. Un acto revestido, por encima de todo, del altruismo y el amor más absoluto hacia los pequeños pelícanos hambrientos.

Stmo. Cristo del Amor con el pelícano al pie de la Cruz. *JJ*

Históricamente, fue San Agustín uno de los primeros en darle un interpretación a ese signo de amor, basándose en una comparación entre dos animales: la serpiente y el pelícano. Así, mientras la serpiente mata a las propias

Primer plano del pelícano del Salvador. *PA*

crías, el pelícano se levanta sobre el nido, lastimándose el pecho hasta sangrar. Sangre, ésta, que derramada sobre sus hijos desfallecidos, les hace por medio de ese gesto volver a la vida.

A esa interpretación de San Agustín se le unirá la de los Padres de la Iglesia, a consecuencia de la cual los cristianos, de una manera confusa, van a asociar el pelícano al ave fénix con la capacidad de resurgir de las cenizas. Sin embargo, ya desde el siglo XIII, la interpretación teológica que se hará será la siguiente: El pelícano simboliza a un Jesucristo que derrama su propia sangre para la salvación del mundo. Más adelante, a fines del siglo XVII y sobre todo desde los comienzos del siglo XIX, el pelícano se ve como un signo de auténtica dedicación de los padres hacia los hijos, asociándose teológicamente a la muerte de Cristo. Ese es por tanto el sentido simbólico del "Pelícano del Salvador", que cada Domingo de Ramos se abre el pecho por amor a sus hijos.

Las reminiscencias rocieras en la Semana Santa

Antonio Sánchez Carrasco

Desde que en 1814 se crea en Triana la primera hermandad filial del Rocío de Sevilla capital, las relaciones de la Romería del Rocío y la ciudad de Sevilla han sido muy numerosas. La Semana Santa como fiesta religiosa no ha sido ajena a estos cruces entre la fiesta de la Patrona de Almonte y las hermandades de penitencia de nuestra ciudad.

Detalle del Manto de Ntra. Sra. del Rocío Hdad. de la Redención. *PA*

De la primera de ellas, Triana, nacen lazos de unión con las otras hermandades del Barrio. Así, por ejemplo, La O tenía una imagen de la Virgen del Rocío en sus respiraderos que ha sido retirada en su última restauración, mientras que El Cachorro, cuenta en la calle central del palio de la Virgen del Patrocinio con una réplica de la Virgen del Rocío. Por su parte, la hermandad del Rocío de Sevilla, radicada en la iglesia del Salvador tiene sus lazos con las hermandades de Pasión y del Amor. El estandarte de la corporación rociera figura en el cortejo de ambas cofradías y las dos hermandades de penitencia figuran en los guardabrisas de la carreta de plata de la hermandad rociera, además en uno de los varales de la Virgen de la Merced figura grabada la aparición de la Virgen del Rocío.

La Virgen del Rocío en los respiraderos del palio de la Esperanza de la Trinidad. *ASC*

Tres hermandades más se incorporaron a la nómina de filiales rocieras a finales de los años 80 del siglo XX. A decir, El Cerro, que mantiene relación con la hermandad de penitencia del barrio y cuyo estandarte cada Martes Santo se integra dentro del cortejo de la Cofradía llevado por un nazareno; Sevilla Sur que guarda relaciones con la hermandad de la Paz; y La Macarena, muy unida a las hermandades de la Esperanza Macarena, el Gran Poder y el Cachorro.

Junto a ello, podemos destacar el Lunes Santo a la hermandad de la Redención, que tiene como titular mariana a la Virgen del Rocío y celebra cultos en torno a Pentecostés, te-

Gloria del palio de Ntra. Sra. del Rocío.
Hdad. de la Redención. ***FJP***

Palio de Ntra. Madre y Sra. del Patrocinio.
Hdad. del Cachorro. ***ASC***

niendo su paso de palio salpicado de alusiones a la fiesta rociera, como una cartela delantera con la aparición de la Virgen al cazador manriqueño y detalles por todo el manto que estrenó en 2016. También sigue manteniendo misa a la Virgen del Rocío la hermandad de San Esteban, que para dicho culto monta un altar con la antigua gloria de techo de palio que representaba a la patrona de Almonte.

Para terminar son tres hermandades las que tienen una réplica de la Virgen del Rocío en sus pasos de palio: La Virgen de las Aguas del Museo, en la base de uno de sus varales; y la Virgen de las Angustias y la Esperanza de la Trinidad en sus respiraderos.

La Sangre de Cristo: la Rosa de Santa Marta

Alberto Diago

"*No he venido para juzgar tu pecado, sino para salvar por mi amor a todos los hombres*". Alfa y omega de esa soledad perturbada donde el sueño va asolando, eres Señor triunfo y victoria, vives y no mueres y en el manantial de tu Caridad lloras la sangre del costado donde se palpita la rosa como fuente de agua viva, Señor aún sigues molestando a muchos muertos, Señor de la Caridad, emperador dormido de nuestra Fe.

¿Cómo habla el cuerpo de Jesús? Habla con la sangre ,y la sangre es la vida, habla de esa vida misma, que es manantial que susurra en el silencio y nosotros podemos oírlo, podemos escucharlo en el silencio de la noche, como en esa oscura y tediosa atardecida en San Andrés , en ese Lunes Santo de campanas y túnicas de sarga en el luto envuelto por las fachadas donde esa es la verdadera Semana Santa de Sevilla, la del mismo Dios que sale a nuestro encuentro. Dios quiere ser recibido por gente sencilla, por quienes sus corazones son puro Dios, se para ante nosotros y nos dice: "*Cristo muere y es trasladado hoy al sepulcro como posada de Misericordia, como esa Betania de nuestros días, para refugiarnos en sus llagas, cuantas veces somos incapaces de llevar el cuerpo de Cristo muerto por nuestros pecados*".

Volver a sentir la perfecta mesura de la hondura espiritual en esa elegía de estar a solas con Dios. Cristo es trasladado al Sepulcro junto a Marta y María en la humildad de ese silencio que admite la Cruz, como nos recuerda el Papa Francisco: "*Sin la Cruz de Cristo no podemos ser Discípulos del Señor*".

De rodillas, siempre de rodillas ante la real magnanimidad del silencio, donde el troquel de tu mirada es canto de la eucaristía, donde el candor de tu misericordia eres tú, Señor en la divinidad de ese Cristo roto y muerto, eres Señor nuestra fe en aquellas pilastras de plazas y callejas, eres quien vive en la fe de nuestra morada; eres Señor quien nos levantas en las caídas, da sosiego en el tumulto y eres Sagrario de Dios para el mundo. Eres canto que ya enmudece donde no puedo decir tu nombre para seguir siempre amándote, no podemos tocar el rostro de la Misericordia de Dios sin lágrimas en los ojos, tenemos que aprender a llorar.

Pág. dcha: Rosa de Santa Marta. *JJ*

Ecce Lignum Crucis

Pablo Borrallo

Según la tradición, Santa Elena, madre del emperador Constantino el Grande, viajó a Jerusalén entre los años 325 y 327 d.C., poco después de que el Edicto de Milán concediera libertad de culto al cristianismo. Allí, tras demoler el templo de Venus erigido en el Monte Calvario, encontró la "vera Crux" o verdadera cruz de Cristo, reliquia que por su importancia para la cristiandad, a lo largo de los siglos fue repartida por todo el mundo a partir de pequeños trozos que tienen la denominación de *"Lignum Crucis"*, que podemos traducir como "trozo de la cruz". El monasterio de Santo Domingo de Liébano en España y la basílica de San Pedro en Italia, tienen el honor de cobijar los trozos más grandes de una notoria reliquia, cuyo culto se extendió, rápidamente desde la Edad Media gracias a la piedad popular y a la labor de los franciscanos, que difundieron su devoción allí donde se asentaban.

En Sevilla, son varias hermandades y cofradías las que custodian un trozo de la verdadera cruz, *"Lignum Crucis"*, que podemos contemplar durante sus recorridos procesionales en Semana Santa. Así, el Domingo de Ramos, Nuestra Señora de la Estrella es portadora en su mano derecha de una reliquia del *"Lignum Crucis"*, a la que tiene, también por titular. Sin embargo, es el Lunes Santo cuando vemos esa

Lignum Crucis del paso de Cristo de los Javieres. *JJ*

reliquia en plenitud simbólica con la Hermandad de Veracruz, que la ostenta desde 1954, gracias a la labor del sacerdote y canónigo D. José Sebastián y Bandarán, teniéndola entre sus titulares junto al Cristo crucificado y la Virgen de las Tristezas, y rindiéndole, desde entonces, una especial devoción. Una reliquia que durante el año recibe culto en la capilla a los pies del Cristo de la Vera Cruz y que procesiona durante la estación penitencial a la Santa Catedral portada por un hermano nazareno,

Lignun Crucis. Hdad. de la Veracruz. ***PA***

En su mano derecha Mª Stma. de la Estrella porta la reliquia del *Lignum Crucis*. ***ASC***

siendo común que los devotos se postren ante ella y la besen. Junto a ella, la hermandad posee una segunda reliquia insertada en la cruz de guía procesional y que también recibe culto en uno de los altares laterales de la capilla.

La presencia de reliquias de la verdadera cruz de Cristo en la Semana Santa de Sevilla se extienden al Martes Santo en los pasos procesionales del Santísimo Cristo de las Almas (Hdad. de Los Javieres) y de Nuestra Señora de los Dolores (Hdad. de Santa Cruz); al Miércoles Santo, donde prociona a los pies del Santísimo Cristo de La Sed (Hdad. de La Sed) y en el palio de Nuestra Señora del Buen Fin (Hdad. de la Sagrada Lanzada) y a la madrugada del Viernes Santo, donde el *"Lignum Crucis"* acompaña en su paso de palio a Nuestra Señora de la Presentación (Hdad. del Calvario).

Representaciones cruceras: la confraternidad de la Vera Cruz

Pablo Borrallo

El recorrido procesional de la Hdad. de la Vera Cruz viene determinado por su carácter simbólico. De hecho, llama poderosamente la atención una serie de elementos en el cortejo que conviene definir. De un lado la presencia del *Lignum Crucis*, tanto en la cruz de guía con el lema franciscano *"Toma tu Cruz y Sígueme"*, como en un relicario de plata en forma de cruz arbórea, que los fieles besan durante la estación de penitencia y que va colocado antes del paso de palio de la Virgen de las Tristezas. Sin embargo, por su elevada presencia en ese cortejo, es notoria la enorme representación de nazarenos que sigue detrás al paso del Stmo. Cristo de la Vera Cruz, son las llamadas representaciones cruceras. Dichas representaciones tienen su origen en el año 1948, cuando la Hdad. de la Vera Cruz de Sevilla invita al resto de hermandades de la Vera Cruz de Andalucía a la conmemoración de su V Centenario fundacional. De ahí surge la idea de crear una Confraternidad de Hermandades de la Vera Cruz, con sede canónica en la Capilla del Dulce Nombre, propiedad de la cofradía hispalense, siendo en las primeras reuniones muy importante para su constitución definitiva la labor realizada por el canónigo D. José Sebastián y Bandarán y el arzobispo D. José María Bueno Monreal. Los estatutos de la Confraternidad de Hermandades

Cruz de Guía de la Hdad. de Vera Cruz. *PA*

de la Vera Cruz serían aprobados el 4 de julio de 1970 y modificados, posteriormente, en los años 1986 y 2004. Una confraternidad a la que pasarían a formar como miembros de pleno derecho, todas las hermandades y cofradías de la Vera Cruz asentadas en territorio nacional. Serían los fines propuestos dentro de la confraternidad la difusión del culto a la vera cruz de Cristo, el establecimiento de vínculos fraternales entre las distintas hermandades y el fomento de la reorganización o creación de

Representaciones de hermandades cruceras tras el paso de Cristo de la Vera Cruz. **ASC**

nuevas hermandades con esa denominación. La presencia de las representaciones cruceras o representaciones de hermandades de la Vera Cruz, detrás del paso del antiguo Cristo gótico se explica por ser el Lunes Santo cuando se celebra oficialmente el día de la Confraternidad, por lo que para ese día son convocadas todos las hermandades que rinden culto a esa advocación e invitadas a participar a la estación de penitencia que la Hdad. y Cofradía de Nazarenos de la Stma. Vera Cruz de Sevilla realiza a la S.M.I. Catedral. Esas representaciones cruceras están reguladas por los estatutos de la confraternidad, que exige a las hermandades que tengan a bien participar, el hacerlo con 3 o 4 nazarenos portando varas. En los últimos años han participado de esas representaciones multitud de hermandades de Andalucía -sobre todo-, Extremadura, Castilla y León, Castilla La Mancha, País Vasco y Cantabria, poniéndose de manifiesto la unidad existente en torno a la devoción a la Verdadera Cruz de Cristo.

El Barroco Colonial: la Cruz de Carey

Pablo Borrallo

Ntro. Padre Jesús Nazareno. Hdad. del Silencio. *JJ*

Desde un punto de vista eminentemente artístico, la cruz de Cristo desde los primeros siglos de la cristiandad ha dado lugar a variadas y múltiples representaciones. Así tenemos cruces de Jerusalén, tau, latina, trebolada, griega, bizantina, etc., presentando distintas formas, en su mayoría lisas, llamadas capitanas; o cilíndricas llamadas arbóreas.

Transportándonos al campo de la imaginería sevillana, las distintas representaciones de Cristo con la cruz al hombro o asido a la cruz, nos muestran una cruz latina conocida como *Crux Ordinaria,* que es símbolo de la pasión, muerte y resurrección de Jesús, y que conformada por dos largueros desiguales, se ejecuta sobre madera, presentando en su mayoría devastaciones estofadas en oro. A pesar de los esquemas repetitivos de cruces arbóreas, la Semana Santa de Sevilla nos ofrece una variedad de cruz que atiende a la riqueza de su exorno y que es propia de un estilo de imaginería barroca colonial exportado de América Latina: la Cruz de Carey. Un tipo de cruz que se hace presente en las imágenes de Nuestro Padre Jesús de las Penas (atribuido a Pedro Roldán, siglo XVII), titular de la Hermandad de San Vicente; Nuestro Padre Jesús Nazareno (anónimo del siglo XVII), titular de la Hermandad del Silencio; y Nuestro Padre Jesús Nazareno (Pedro Roldán, 1685), titular de la Hermandad de La O.

Ntro. Padre Jesús Nazareno. Hdad. de la O. *JJ*

Tres piezas extraordinarias, de incalculable valor artístico, que forman parte sin duda de la riqueza de la Semana Santa de Sevilla. Unas cruces de carey que tanto por la riqueza del material –carey y plata–, como por la calidad de las incrustaciones, se convierten en

Ntro. Padre Jesús de las Penas. Hdad. de San Vicente. ***ASC***

piezas únicas y notablemente singulares por lo distinto de su aspecto, pudiendo fecharse respectivamente en 1638 (Hermandad del Silencio), 1735 (Hermandad de San Vicente, adquirida a la Hermandad de Jesús Nazareno de Écija en 1967) y 1731 (Hermandad de La O). Iconográficamente, la suntuosidad de estas auténticas tres reliquias de la Semana Santa de Sevilla, de estas cruces de carey, confieren a la propia cruz una proyección aún más espectacular, pues esa materia córnea traslúcida, obtenida de las escamas de las tortugas carey, unida a la utilización de la plata, otorgan una brillantez especial a las imágenes que portan este tipo de cruz. Cruces, únicas en su género, que tanto en la parroquia de San Vicente como en la parroquia de La O están expuestas para admiración de todos, y que con su refulgente aspecto elevan aún más a hermanos y devotos hacia Aquel que se entregó por Amor.

El Ángel Pasionista: las aguas del Guadalquivir

Pablo Borrallo

A orillas del Río Grande, entre Triana y el Arenal, derrama sus aguas redentoras una Hdad. de las Aguas, que en su imponente paso de misterio coloca en la delantera a un simbólico ángel pasionista (Juan Abascal, 1962), que recoge en un cáliz el agua derramada del costado atravesado del Señor Crucificado. Esa escena del ser celestial pasionista, arrodillado ante un Jesús de cuyo costado emana agua, posee un calado teológico, realmente, trascendente. En primer lugar, remite al Evangelio cuando se dice que "*Uno de los soldados con la lanza le traspasó el costado y al punto salió sangre y agua*" (Jn. 19,34). Con respecto a esta cita, la liturgia de la Iglesia, al comienzo de las misas solemnes del tiempo pascual rememora ese episodio cantando "*Vi que manaba agua del templo*". Simbólicamente, Jesús es el nuevo templo, y de su costado atravesado emana toda una fuente de agua viva de la que proceden, espiritualmente, todas las aguas bautismales de la Iglesia católica. De hecho, en la pila bautismal de la basílica de San Juan de Letrán (Roma), la más antigua de la Cristiandad, cabeza y madre de todas las iglesias, se grabó por intención del papa San León Magno lo siguiente: "*Ésta es la fuente que lavó al mundo entero, trayendo su origen de la llaga de Cristo*".

El simbolismo del agua se explica de la siguiente manera. Cita Juan 7, 37-39, que Jesús exclamó: "*El que tenga sed, que venga a mí; el que cree en mí, que beba*" y el propio Juan comenta que decía ésto en referencia al Espíritu que habían de recibir los que creyeran en él. El agua, por tanto, simboliza el Espíritu, pues aunque del costado salió sangre y agua, en ellas se escondía el Espíritu. Antes de ese momento, el Espíritu no había llegado al mundo, pero si con la muerte de Jesús, tal y como cita el Génesis 1,2: "*El Espíritu se cierne de nuevo sobre las aguas como en los albores de la creación*". Ese sentido teológico lo complementamos con el Evangelio de Juan 19,30, cuando dice después de exclamar que "*Jesús entregó el espíritu*". Ese último suspiro de Jesús fue el primer suspiro de la Iglesia, pues con su muerte nos dio el don de la vida nueva a través del Espíritu Santo presente en el agua bautismal.

Pero, el simbolismo del misterio de las aguas va mucho más allá. Así, podemos interpretar el costado derecho como signo de la apertura hacia su corazón que Cristo hace a los hombres. Igualmente las piernas no quebradas de Cristo se fundan en la profecía del Éxodo 12,46: "*Ni un hueso le será quebrado*". Así, las piernas no quebradas simbolizan la unidad irrompible de la Iglesia que Jesús funda muriendo. La sangre y el agua derramada en la transfixión del costado, son, por tanto, una manifestación del amor unificador y por ello están presente en los sacramentos del Bautismo y de la Eucaristía.

Ángel Pasionista en el Misterio del Stmo. Cristo de las Aguas. **ASC**

El tocado monjil: la pureza de la Virgen de las Aguas

Pablo Borrallo

De entre los creativos y bellos tocados que visten las imágenes de María en la Semana Santa de Sevilla, por ser elementos distintivos de las propias tallas, cabría destacarse dos: los de Nuestra Señora de las Aguas (Hermandad del Museo) y Nuestra Señora de la Piedad (Hermandad de la Sagrada Mortaja), aunque por su significado vamos a centrarnos en el de la dolorosa del Lunes Santo, obra de Cristóbal Ramos del año 1772. Una talla primitivamente genuflexa, que procesionaba en *"Stabat Mater"*, junto al Stmo. Cristo de la Expiración (Marcos Cabrera, 1575), hasta que en 1992 se le tallara el candelero que confiere a la imagen la apariencia que llega a nuestros días.

Mucho ha sido lo que se ha escrito sobre la singular belleza de la dolorosa del Museo, si bien, y desde un punto de vista iconográfico, la hermosura y la gracia de la talla viene muy determinada por la manera con la que tradicionalmente ha sido vestida, cobrando en este sentido un papel muy determinante el tipo de tocado elegido para cubrir su cabeza y busto: el tocado mongil. Formalmente, el tocado, de encaje o liso, es un atributo de vestir que complementa al manto y la corona y que se usa para completar la indumentaria de las imágenes de

Mª Stma. de la Piedad. Hdad. de la Sagrada Mortaja. *ASC*

candelero de la Virgen. Estilísticamente, el tocado que presenta la Virgen de las Aguas es una tela fina blanca, que recoge el cabello de la dolorosa y a la vez cubre su pecho, inspirado en los tocados blancos ceñidos al rostro propios de las monjas. Un tipo de prenda, que por lógica comparación con las religiosas católicas, en la Virgen de las Aguas es símbolo inequívoco de pureza virginal y entrega total a Dios.

Desde un punto de vista histórico, el tocado o toca presenta un origen medieval, de claras reminiscencias moriscas, siendo ya desde el siglo XV parte importante de la indumentaria, no solo de las monjas, sino también de mujeres casadas o viudas, dejando con la evolución de los siglos una gran influencia en muchos trajes folclóricos de distintas regiones de España. Aplicado a la Virgen de las Aguas este tipo de tocado se hace acopio de un mandato de las Sagradas Escrituras, pues como se recoge en Conrintios 1, 11-3: *"toda mujer que ora o profetiza con*

María Stma. de las Aguas. Hermandad del Museo. *ASC*

la cabeza descubierta, deshonra su cabeza". Siendo su uso propio de las mujeres que ingresaban en las órdenes religiosas desde tiempos medievales, la utilización de este tipo de tocados en la bella dolorosa del Lunes Santo sevillano, invita a ver en él claros símbolos de moralidad, pudor, virginidad, pureza o castidad, confiriendo el resultado final a la propia talla una impronta y un sello muy personal, que en cuanto a la indumentaria monjil convierten a la Señora del Museo en toda una referencia para los vestidores de las imágenes.

A Cristo por María: el Señor de las Almas

Pablo Borrallo

La heráldica de la Hermandad de los Javieres, fundada en 1946, está inspirada en el símbolo común de todas las congregaciones que presentan un origen jesuita. Iconográficamente, el escudo está compuesto por círculo negro limitado por una circunferencia plateada donde aparece en el centro un hexágono con las las letras griegas M, P y X, que entrelazadas significan *"A Cristo por María"*.

Para los cristianos, la devoción a María es uno de los grandes dones de Dios. Espiritualmente, todo el que se acerca a la Stma. Virgen se acerca a Jesús, pues María siempre es el camino que conduce a Cristo. Así, no podemos entender un amor a la Virgen que no se manifieste en amor a Cristo, pues es Cristo el centro de nuestras vidas, siendo lo demás caminos y medios para encontrarnos con Él. Los cristianos acudimos a la Virgen María por ser ella medianera universal ante su Hijo, por ser ella la que alega ante Él los méritos y virtudes de nuestras vidas. Es María ante Jesús la intermediaria de la misericordia y el perdón, por ello acudimos a Él a través de Ella.

Crismón

Mosaico en el ábside de la Basílica de San Clemente de Letrán. Roma

Iconográficamente, el escudo de los Javieres, con las siglas de *"A Cristo por María"*, procede del primitivo Crismón, monograma o combinación de letras más usual de Jesucristo, formado por la XP, conjunción de las letras griegas "chi" –X– (letra "C" castellana) y "rho" –P– (letra "R" castellana), que superpuestas en el acrónimo "XP", se traduce en griego como "kristós –el ungido–y en latín como *"christus"*.

El escudo de los Javieres en el antifaz del nazareno. ***ASC***

Estandarte de los Javieres. **ASC**

En muchas ocasiones, vemos como el Crismón aparece acompañado de otras letras. Así, de los extremos superiores de la "Chi" (P) caerán dos palitos sobre los que penden las letras griegas "alfa" y "omega", que simbólicamente hace referencia al carácter todopoderoso de Cristo, *"principio y fin de todas las cosas"*, tal y como recogen las Sagradas Escrituras en el Libro del Apocalipsis. Con el paso de los años, las letras "alfa" y "omega" desaparecieron del monograma de Cristo, extendiéndose los brazos que pendían de la letra "X", con lo que nos encontramos con la superposición de las letras "X", "P" y "M", lo

Frontal del paso de Cristo de los Javieres donde se encuentra el escudo de la Hermandad. **FJP**

Stmo. Cristo de las Almas. Hdad. de Los Javieres. **PA**

que al castellanizarse se tradujo como *"A Cristo por María"*, siendo desde entonces un emblema utilizado por los jesuitas. Simbólicamente, al igual que los niños acuden a su madre para buscar su protección, los cristianos acudimos a la Santísima Virgen para de su mano acudir a Dios, pues María siempre es el atajo que desemboca en Cristo.

La gran capa pluvial: el manto de Los Estudiantes

Pablo Borrallo

Desde un pinto de vista iconológico e iconográfico, el manto más fecundo de todas las dolorosas que procesionan en la Semana Santa de Sevilla es el de la Virgen de la Angustia (Hermandad de Los Estudiantes). Dicho ajuar, estrenado el Martes Santo del año 2005, realizado en el taller de bordado Santa Bárbara, fue ejecutado sobre terciopelo burdeos de Lyon a base de sedas de colores, bordados en oro y relieves de marfil, conformando una auténtica capa pluvial de enorme carga simbólica, que confiere, desde luego, un sello propio, al renacentista paso de palio que posee la dolorosa.

Como se apunta, el manto fue realizado a modo de gran capa pluvial a la manera de la pieza litúrgica que utilizan los sacerdotes durante las celebraciones religiosas de culto divino. Un tipo de capa larga usada, primitivamente, para los cultos internos, que debido a la paulatina utilización en procesiones fuera de los templos, se emplearía también para protegerse de la lluvia, de ahi que sea conocida como capa pluvial. Históricamente, las capas pluviales comienzan a tener un uso litúrgico en el siglo X, pasando de primigenias formas lisas a la presencia en ellas de ricos bordados, ya desde el siglo XIII, acompañados en los laterales de flecos y también bordados, tónica general a lo largo de la historia.

La rica pieza con la que se viste para su salida procesional a la dolorosa de la Hermandad de Los Estudiantes presenta ricos bordados que en su conjunto dan forma a una gran orla que circunda el manto entero, encontrándose en él, cinco grandes cartelas alusivas a las bodas de Canaá, la Virgen María, el encuentro con la samaritana en el pozo, la visita a casa de Marta y María, el encuentro con la Verónica en la calle de la Amargura y la aparición a María Magdalena. Junto a ellas destacan varias cartelas pequeñas con las representaciones de los santos hispalenses, San Isidoro, San Leandro, San Fernando, San Hermenegildo y las Santas Justa y Rufina. Destacable es en la parte delantera la presencia de seis capillas con las imágenes de Santa Isabel embarazada de San Juan Bautista, Santa Bárbara, Santa Paula, Santa Ana, Santa Ángela de la Cruz y Santa Isabel de Hungría. Un manto presidido en su parte central por la heráldica de la corporación con la leyenda "*Tota pvlcra est Maria et macvla originali non est in te*" ("*Toda hermosa eres, María, y no hay en ti mancha original*") , al que podemos considerar, sin duda, como la gran joya de los bordados hispalenses del siglo XXI.

Izda: detalle del manto de la Virgen de la Angustia. ***PA***

Dcha: el palio de la Virgen de la Angustia por el Postigo. ***ASC***

Ciseri y Munkácsy : el *Ecce Homo* de La Calzada

Pablo Borrallo

El paso más majestuoso del Martes Santo, el de la Presentación de Jesús al pueblo por el procurador de Judea, Poncio Pilatos, por su espectacular arraigo entre los vecinos, se ha convertido con el paso de los años en todo un emblema del sevillano barrio de La Calzada. Ideado por el genial imaginero del siglo XX, Antonio Castillo Lastrucci, presenta un origen pictórico, pues con cierta seguridad podemos decir que el simbolismo del misterio de San Benito está inspirado en el destacado lienzo *Ecce Homo* (1891), realizado por Antonio Ciseri (1821-1891). Un artista suizo formado en Florencia con Niccola Benvenuti, cuyas pinturas, religiosas casi en su totalidad, estaban provistas de una enorme teatralidad y escenografía, muy influenciadas por el genial artista del renacimiento italiano Rafael Sanzio. Todo hace

Cristo ante Pilatos. ***Munkácsy*** (1881)

Ecce Homo. ***Antonio Ciseri*** (1880)

indicar que Antonio Castillo Lastrucci conocía la obra de Ciseri, toda una teatralización del pasaje evangélico de la presentación de Jesús al pueblo, donde Pilatos, asomado al balcón, presenta a la muchedumbre al Hijo de Dios, azotado, burlado con una corona de espinas y con el torso desnudo, bajo la fórmula *"Ecce Homo"* (*"He aquí el hombre"*), todo ello ante la atenta mirada de su esposa, Claudia Prócula, una criada y varios romanos. Así, en el paso de misterio de La Calzada, podemos observar una disposición basada en esa conocida escena, pintada por Antonio Ciseri a fines del siglo XIX, para el Palacio Pitti de Florencia, y actualmente conservado en la Galería Nacional de Arte Moderno de Roma. La diferencia más apreciable entre la escena llevada a la pintura por Ciseri y la que llevará a la imaginería procesional, más adelante Antonio Castillo Lastrucci, será la perspectiva desde la que se concibe la escena, pues si bien el cuadro del artista suizo está interpretado para ser visto por detrás, el misterio realizado por el artista hispalense va a ser concebido para ser contemplado de frente, de atrás o por los laterales. Simbólicamente, mientras en el cuadro de Ciseri el

Ntro. Padre Jesús en su Presentación al Pueblo. Hdad. de San Benito. ***PA***

espectador que lo contempla tiene un papel pasivo, perteneciendo fugaz y testimonialmente al pretorio, en el misterio de Lastrucci, el que observa ese episodio de la Pasión, juega un papel activo, pues, como pueblo, está llamado a decidir sobre la suerte final de Jesús.

Existen, sin embargo, corrientes artísticas que acercan el germen del misterio de San Benito, conjuntamente con la obra de Ciseri, al cuadro *Ecce Homo* (*Ime az embe* –en húngaro) , realizado por el pintor húngaro Mihaly Munkacsy (1844-1900) en el 1896 y que hoy día se encuentra en el Museo Deri de la ciudad de Debrecen (Hungría). En dicha obra, a diferencia del de Ciseri, la escena aparece vista desde el frente y Jesús ataviado con corona de espinas, caña y clámide púrpura.

Las reminiscencias renacentistas: Nuestro Padre Jesús de la Salud

Pablo Borrallo

La venerada imagen de Nuestro Padre Jesús, titular de la Hermandad de la Candelaria, podemos fecharla a comienzos del siglo XVII, siendo una talla de autoría anónima atribuida a Francisco de Ocampo hacia 1615. Históricamente parece que fue titular de la desaparecida Cofradía de Nuestro Padre Jesús Nazareno y de Nuestra Señora de la Antigua, Siete Dolores y Compasión, una de las más ricas e importantes de la ciudad, que tenía su sede en una capilla propia situada en el desaparecido compás del Real Convento de San Pablo, hoy propiedad de la Hermandad de Montserrat. A fines del siglo XIX, hacia 1880, ese Jesús Nazareno sustituyó en la Parroquia de San Nicolás al Señor de la Salud, perteneciente a la Cofradía de los Gitanos, que había sido trasladado a la iglesia de San Román. Este hecho explica el cambio de advocación de este Cristo, que desde ese momento pasa a llamarse Nuestro Padre Jesús de la Salud. Iconográficamente se trata de una talla de cuerpo entero de 1,35 metros de alto ejecutada en madera policromada, que a lo largo de los siglos ha pasado por diversas restauraciones, que en todo caso y, aún perdiéndose la policromía original, han mantenido el gran valor de su aspecto primitivo, como las realizada en 1880, 1922 (José Rivera García) y 1979 (Arquillo y Torres).

Nuestro Padre Jesús de la Salud es la única imagen de Jesús Nazareno que procesiona en la Semana Santa de Sevilla dentro de la tipología artística de imagen de bulto redondo, un tipo de talla generalizado entre la imaginería de la segunda mitad del siglo XVI, de la que tenemos en la capital andaluza varios paradigmáticos ejemplos como Nuestra Señora la Reina de Todos los Santos o la Virgen del Amparo, ambas del genial artista Roque Balduque. Imágenes, que al igual que Nuestro Padre Jesús de la Salud, destacan por estar talladas completamente. Así, en contraposición a las imágenes de candelero, Nuestro Padre Jesús de la Salud, además de la cabeza, manos y pies, presenta tallados los brazos y la túnica completa, estando considerada como una verdadera obra de arte de gran regusto manierista, ricamente estofada, y que a diferencia de los gustos barrocos, donde muchas imágenes fueron mutiladas para ser vestidas y conferir a las talles un efecto más natural, mantuvo su esencia primitiva llegando hasta nuestros días como una joya que guarda en su ser las reminiscencias propias del siglo XVI, marcado por un gusto artístico donde las imágenes de bulto redondo, ricamente talladas, tuvieron un papel capital.

Pág. dcha: Ntro. Padre Jesús de la Salud
Hdad. de la Candelaria. *FJP*

In hoc signo vinces: el lábaro procesional

Pablo Borrallo

La contemplación del cortejo procesional nos lleva a observar con detenimiento no solo el orden que lo compone, sino las insignias que forman parte de él. Por su riqueza simbólica es el lábaro una de las insignias más notorias, siendo un estandarte con forma de pendón alargado, acabado en doble punta y con una cruz por remate, generalmente realizado en orfebrería, propio de las hermandades sacramentales. Son portadoras de este tipo de insignia durante la Santa Semana Santa de Sevilla las hermandades de la Quinta Angustia, la Esperanza de Triana, Santa Cruz y la Trinidad, siendo sus lábaros en recuerdo de San Juan, la Coronación, Sacramental y la vinculación Salesiana, si bien, el sentido simbólico es el de testimoniar a Cristo como el mensaje o la buena noticia que Dios da a los hombres. Históricamente, el lábaro era un tipo de estandarte empleado por los emperadores romanos, al menos desde tiempos del emperador Adriano. Sin embargo, ya en el siglo IV, cuando Constantino el Grande oficializa el cristianismo, en el pendón utilizado hasta entonces se sustituiría el Águila de Júpiter por el monograma de Cristo ("XP"). Su apariencia sería la de un pendón de color púrpura bordado y adornado con piedras preciosas, sujeto sobre un asta dorado en forma de lanza, sobre la que se cruzaría un travesaño, timbrado por una corona de oro dentro de la que sobresalían las siglas de Cristo en letras griegas ("XP", formado por las letras "chi" y "rho"), a cuyos lados aparecían las letras "alfa" y "omega", en claro recuerdo de Cristo como principio y fin supremo de todo. La utilización del Crismón ("XP") dentro del lábaro, vendría dada por la

Lábaro de la Real Congregación de Luz y Vela.
Procesiona en la Hdad. de Santa Cruz. ***ASC***

Visión de la Cruz en la Estancia de Constantino (Vaticano). Realizado por Rafael y sus discípulos

supuesta visión que el propio Constantino tuvo en el cielo instantes antes de la batalla del Puente Milvio contra Majencio en el año 312. Según la tradición, el emperador observó, sobre el sol, el símbolo"XP". No conociendo su significado, de noche soñó con Jesús, quien pronunciaría la leyenda *"In hoc signo vinces"*, que se traduce como *"Con este signo vencerás"*. Al día siguiente venció a Majencio en Roma, atribuyendo la victoria a Dios, por lo que en adelante reemplazaría todos sus estandartes por ese símbolo. Con el tiempo, la simplificación de la frase con las letras iniciales de cada palabra, daría lugar a las siglas "IHS", a la que, históricamente, la Iglesia Católica latinizaría como *"Ihsosus"* (Jesús) y daría la interpretación de *"Jesús. Hombre. Salvador"*. Hoy día, ese anagrama de Cristo ("JHS") lo vemos representado en la heráldica de varias hermandades hispalenses, como las de San José Obrero, Candelaria, Quinta Angustia o Cachorro, siendo, especialmente, relevante en Las Siete Palabras y San Isidoro. Es por tanto el lábaro, una insignia procesional maravillosa, pues representa el auténtico símbolo que cambió la historia: *"Christus"* ("XP").

Escudo de la Hdad. de San Isidoro

El Cristo de los Peregrinos: Burgos y la devoción Jacobea

Pablo Borrallo

La singular advocación del Cristo de Burgos procede de la antaña similitud que la talla sevillana presentaba con el Stmo. Cristo crucificado que se venera en la Santa Catedral de Burgos y que antiguamente se encontraba en el convento de los agustinos de dicha ciudad. Sin embargo, esa similitud acabaría desapareciendo con la restauración a la que fue sometida en el año 1893.

El crucificado de la Catedral de Burgos, imagen anónima datada en el siglo XVII, es sin lugar a dudas una de las grandes devociones jacobeas pues, históricamente, a su infinito poder quedaban amparadas súplicas, plegarias y oraciones de los peregrinos que realizaban a pie el Camino de Santiago a su paso por la capital burgalesa. Tal es así, que en la propia catedral compostelana hay una capilla erigida en honor al Cristo de Burgos.

Tradicionalmente era considerada una imagen muy milagrosa, estando su efigie revestida de multitud de leyendas tales como la sudoración sanguínea o el crecimiento de uñas y pelos, leyendas éstas recogidas por la piedad popular. Su devoción creció a ritmos tan agigantados, que su culto rápidamente se extendió a diversas ciudades del país y a América Latina, gracias en parte a la emigración castellana producida durante el periodo colonial español.

De otro lado, en la divulgación del culto a dicha imagen jugó un papel destacado la congregación de los frailes agustinos, en cuyo convento burgalés recibió culto por vez primera esa devoción. Igualmente, en el sevillano convento de San Agustín, ya en el siglo XIV existía un antiguo crucificado llamado "Cristo de San Agustín" y tallado a imagen y semejanza del cristo burgalés. Una imagen que con el tiempo, ya en los siglos de la Edad Moderna, se convertiría en la gran devoción hispalense, pasando después por un periodo de declive devocional hasta su final desaparición en el año 1936.

Precisamente, ese cristo de San Agustín que recogía la tradicional devoción burgalesa, inspiró a Juan Bautista Vázquez para la hechura en 1573 del Cristo de Burgos que actualmente se venera en la sevillana parroquia de San Pedro, siendo ejecutado a semejanza del crucificado de la catedral castellana.

Hoy día, la vinculación de la ciudad de Burgos a la hermandad hispalense es notoria, ostentando su Cabildo Municipal el cargo de Hermano Mayor Honorario de la corporación y aportando una representación del propio ayuntamiento al cortejo penitencial.

Representación del Ayuntamiento de Burgos en la cofradía del Cristo de Burgos. ***ASC***

Cruz Parroquial con la imagen del Cristo de Burgos que se venera en la Catedral de Burgos. ***ASC***

Stmo. Cristo de Burgos. ***ASC***

El Nazareno de la Divina Misericordia y las Águilas Imperiales

Pablo Borrallo

De entre el rico patrimonio artístico del que hacen gala las cofradías del Miércoles Santo, en el seno de la Hermandad de las Sietes Palabras centra la atención el soberano y majestuoso paso de plata del Nazareno de la Divina Misericordia (Felipe de Ribas, 1641), en cuyas esquinas sobresale la presencia de águilas bicéfalas repujadas en plata.

Históricamente, podemos considerar al águila bicéfala como un símbolo muy presente dentro de la iconografía cristiana. Anteriormente, el águila de una sola cabeza era tenida en las civilizaciones griega, persa y romana como imagen de poder, victoria y orgullo, siendo empleada como símbolo de la república o el imperio en la Antigua Roma. Sin embargo, la aparición del águila de dos cabezas o bicéfala hundirá sus orígenes en la cultura hitita, si bien sería a través del arte bizantino cuando llegue a la cultura occidental ya en la Edad Media. Así, hay que apuntar que ya en los siglos XIII y XV, la dinastía bizantina paleólogo, que reinó en ese periodo en Constantinopla, empleaba dicho tipo de águila como emblema al amparo de un lema *"Basileus Basileon, Basileuon Basileuonton"*, que puede traducirse como *"Rey de Reyes que reina entre los que reinan"*. Desde

Detalle de las Águilas Imperiales de las esquinas del paso. *JJ*

ese periodo a ese tipo de águila bicéfala se le asociarían los atributos de poder y superioridad, siendo el punto de integración del Imperio Romano de Oriente y el Imperio Romano de Occidente, ésto es, de la cultura oriental y la occidental. Con el tiempo, el águila bicéfala sería emblema, también, del emperador Carlomagno, haciendo, igualmente, emblema de ella la dinastía de los Austrias en España ya en los siglos de la Edad Moderna.

El águila bicéfala que vemos representada en el primer paso de la Hermandad de las Siete Palabras es símbolo claro de las características propias de la Divinidad de Jesús, a quien se le asocian atributos de poder, fuerza, dignidad y victoria. El águila sería el poder que desciende desde lo alto a gran velocidad para acabar matando a serpientes y dragones. Dentro de la teología cristiana, el águila sería un claro signo del triunfo del bien sobre el mal y de la victoria sobre los pecados mundanos

A la dcha: Ntro. Padre Jesús de la Divina Misericordia. *ASC*

La Cruz de San Andrés: el palio de Los Panaderos

Pablo Borrallo

Dentro de la modalidad de los pasos de palio, los diversos estilos artísticos han ido modelando la idiosincrasia de cada uno, siendo características propias aquellas que han ido formando una apariencia reconocible. Así, la tarde del Miércoles Santa destaca por lo espléndida de la candelería del paso de palio de Nuestra Señora de Regla (Gumersindo Giménez Astorga, 1876), titular de la Hermandad de Los Panaderos, en cuya parte delantera inferior, toda vez que se encuentra iluminada, se puede distinguir, perfectamente, una Cruz de San Andrés.

En primer término, esa forma de situar los candelabros de la candelería inferior hacen que la mente de los que lo contemplan se transporte al titular de la capilla de la propia corporación penitencial, San Andrés Apóstol. Sin embargo, debemos ahondar en la carga de significado que esa cruz del apóstol mártir posee.

La llamada Cruz de San Andrés es una cruz en forma de aspa con dos ángulos agudos y dos ángulos obtusos, muy habitual en heráldica y vexilología, ciencia encargada estudio de las banderas militares españolas. Iconológicamente representa el martirio de San Andrés Apóstol, hermano de Pedro, pescador de Galilea y miembro de los doce discípulos de Jesús. El año 95 d.C., según una tradición muy antigua, el apóstol fue crucificado en Patrás, capital de la provincia de Acaya, en Grecia. Lo amarraron a una cruz en forma de X y allí estuvo padeciendo durante tres días, tiempo éste que aprovechó para predicar e instruir en la religión cristiana a todos los que se le acercaban. Sus restos serían trasladados el 9 de mayo del año 357 desde Patrás a Constantinopla. Los cruzados tomarían Constantinopla, y las reliquias fueron trasladadas a la Catedral de Amalfi (Italia). Su cabeza fue llevada a Roma y colocada en la Basílica de San Pedro en 1462. Sin embargo, el papa Pablo VI, ya en 1964, decidió devolverla a la iglesia grecoortodoxa como gesto ecuménico. Actualmente, el apóstol es patrón de Escocia y Rusia, celebrándose su festividad el 30 de noviembre.

Para los cristianos, la Cruz de San Andrés encarna los valores de la humildad frente al sufrimiento, pero, también, el sacrificio que muchas veces supone llevar la Evangelización. Su patrón dibujado en forma de X remite a la letra "Chri" griega, ("X"), que junto a la también letra griega "Ro" ("P") forman un monograma con las iniciales de Cristo, a las que, habitualmente, se les ha añadido las letras griegas alfa y omega, que fijan a Jesús como principio y fin de todo lo creado. Sin embargo, relatan los Evangelios Apócrifos que San Andrés, mientras estuvo crucificado, exclamaba lo siguiente; *"¡Salve, cruz, que has unido al mundo en toda su extensión!"*.

A la dcha: Paso de palio de Mª Stma. de Regla. *JJ*

In Coena Domini: los Oficios del Jueves Santo

Alberto Diago

"*Yo estoy en medio de vosotros como el que sirve*" (Lc 22,27). El Jueves Santos por la tarde comienza la verdadera armonía de la esencia en nuestra ciudad con el aroma primaveral del Triduo Pascual, con la memoria de la Última Cena, en la que Jesús instituyó el memorial de su Pascua, es decir, la Eucaristía, cumpliendo así el rito pascual judío, los apóstoles son constituidos ministros de este sacramento de salvación; Jesús les lava los pies, invitándolos a amarse los unos a los otros como él los ha amado, dando la vida por ellos, repitiendo este gesto en la liturgia, también nosotros estamos llamados a testimoniar el amor del Señor. Los oficios no se pueden entender sin la caridad y sin el amor, como cada Jueves Santo se puede respirar en ese antiguo patio de cal y olor a convento en la Congregación de las Hermanas de la Cruz donde el mismo cielo se hace oración y recogimiento a través del coro, el latín y el órgano de estas monjas que ensalzan su vocación a la caridad del Señor con los pobres.

Monumento para los Sagrados Oficios del Jueves Santo. ***ASC***

Si reflexionamos sobre este drama de Getsemaní, podemos ver también el gran contraste entre Jesús con su angustia, con su sufrimiento, y el gran filósofo Sócrates, que permanece tranquilo y no se turba ante la muerte. Y esto parece lo ideal. Podemos admirar a este filósofo, pero la misión de Jesús era otra. Su misión no era esa total indiferencia y libertad; su misión era llevar en sí todo nuestro sufrimiento, todo el drama humano. Y por eso precisamente esta humillación de Getsemaní es esencial para la misión del hombre-Dios. Él lleva en sí nuestro sufrimiento, nuestra pobreza, y la transforma según la voluntad de Dios. Y así abre las puertas del cielo, abre el cielo:

Monumento para los Sagrados Oficios del Jueves Santo. ***ASC***

esta tienda del Santísimo, que hasta ahora el hombre ha cerrado contra Dios, queda abierta por este sufrimiento y obediencia de Jesús. La adoración nocturna del Jueves Santo, el estar velando con el Señor, debería ser precisamente el momento para hacernos reflexionar sobre la somnolencia de los discípulos, de los defensores de Jesús, de los apóstoles, de nosotros, que no vemos, no queremos ver toda la fuerza del mal, y que no queremos entrar en su pasión por el bien, por la presencia de Dios en el mundo, por el amor al prójimo y a Dios. La noche del Monte de los Olivos del Jueves Santo significa, que Jesús se dirige con sus discípulos, forma parte también de la soledad y el abandono de Jesús, que orando va al encuentro de la oscuridad de la muerte, para hacer la voluntad de Dios.

La belleza de la liturgia del Jueves Santo nos acerca al lavatorio de pies y pensemos: que cada uno de nosotros piense: "*¿Estoy verdaderamente dispuesta o dispuesto a servir, a ayudar al otro?*". Pensemos esto, solamente. Y pensemos que este signo es una caricia de Jesús, que Él hace, porque Jesús ha venido precisamente para esto, para servir, para ayudarnos.

Tradición sevillana: mantillas para los Sagrados Oficios

Pablo Borrallo

De entre las indumentarias que vemos durante la Semana Santa de Sevilla, hay una que destaca sobremanera dentro del atuendo femenino, las mantillas. Como tal ,y según manda la tradición, es la indumentaria de etiqueta de la mujer sevillana para acudir el Jueves Santo a los Sagrados Oficios que se celebran en las distintas iglesias y conventos de la ciudad, utilizándose en menor medida la tarde del Viernes Santo.

Detalles. *ASC*

Así, las mujeres sevillanas mantienen una costumbre que otorga al Jueves Santo una enorme vistosidad, pero también una gran solemnidad, dado el mayor esplendor que se le da al día con la presencia en las calles de mujeres ataviadas de esa manera. El sentido simbólico de las mantillas no es, por tanto, otro que ir vestidas de gala para ira adorar al Santísimo.

Mujer de Mantilla.
TG

Formalmente, el traje de mantilla se trata de un traje negro de raso, sin adornos, de una sola pieza, corto o largo, de larga o media manga, con guantes y medias y zapatos negros, complementado en la cabeza por una peineta de concha, realizada en carey, en muchos casos, sobre la que se coloca una tela de encajes negra, que cubre la cabeza y los hombros. Estilísticamente, existen distintos tipos de mantillas, destacando por encima de todo las "mantillas de chantilly", realizadas con encajes finos y utilizadas entre las más jóvenes, y las "mantillas de blonda", realizadas con encajes más gruesos y generalizadas entre las personas de más edad; aunque también existen las llamadas "mantillas de tul", siendo el uso de las mantillas adecuado para las mujeres que han alcanzado como mínimo la mayoría de edad. En todos los casos, las mantillas se complementan con gargantillas, pendientes, rosario y bolso negro o de concha.

Grupo de mujeres ataviadas con la tradicional mantilla. ***ASC***

Es tradición sevillana, que las mujeres, además de a los Sagrados Oficios, acudan así vestidas a visitar besamanos y a ver el discurrir procesional de las distintas hermandades y cofradías que hacen estación de penitencia a la S.M.I. Catedral de Sevilla, en muchos casos, acompañadas de hombres, que para la ocasión visten terno negro con corbata del mismo color en señal de respeto y duelo conforme a la festividad litúrgica del día.

Siendo la mantilla un traje utilizado en señal de luto, exclusivamente, durante la Semana Santa, para la conmemoración de la Pasión, Muerte y Resurrección de Cristo, su uso se ha extrapolado a los festejos taurinos, a modo de traje de gala, primando en tal caso el color blanco sobre el negro en los encajes utilizados.

¿Bizantino o modernista? Juan Miguel Sánchez y el palio de los Negritos

Pablo Borrallo

Triunfante sobre un paso de motivos orientales pasea, cada Jueves Santo, la Hermandad de los Negritos a Nuestra Señora de los Ángeles, en lo que constituye una de las estampas más bellas de la Semana Santa de Sevilla. Un paso de palio con una identidad propia y un sello inconfundible, que lo hace distinto a los demás y que fue diseñado, junto con el manto, la saya y la corona de la dolorosa, por el pintor de El Puerto de Santa María (Cádiz), afincado en Sevilla, Juan Miguel Sánchez (1900-1973), un artista del realismo con claras influencias modernistas e impresionistas, sobrevenidas por el influjo de su maestro Gustavo Bacarisas.

Vista de la trasera del palio. *ASC*

Detalle de la bambalina frontal del palio. *ASC*

Artista revolucionario de la época, Juan Miguel Sánchez, miembro de la Academia de Bellas Artes, diseñó un palio y un manto para los Negritos, absolutamente, innovador en el año 1960. Un diseño que rompía con el estilo barroco propio de los pasos sevillanos, dándole los artistas de la época en llamar al nuevo palio para la Virgen de los Ángeles el nombre de "palio bizantino", por las connotaciones orientales que, presuntamente, presentaba, no siendo el estilo bizantino el que marca verdaderamente el estilo de dicho palio, pues siendo su estilo modernista, resulta erróneo relacionarlo con Bizancio. Formalmente, estamos ante un palio, manto y saya de notable singularidad con bordados y motivos decorativos atípicos en comparación con otros pasos de Virgen, muy alejado, en todo caso, de la moda impuesta, ya en el siglo XX, por Juan Manuel Rodríguez Ojeda, en lo que constituye un palio bastante heterodoxo.

Detalle de los varales. **ASC**

En su conjunto presenta una decoración con motivos modernistas, de claro simbolismo mariano, en lo que supuso un claro intento por parte de Juan Miguel Sánchez de huir de estilos historicistas como el neogótico o el neobarroco, para en contraposición a ello, traer a la Semana Santa de Sevilla el mismo arte modernista, que había sido rechazado por poco sevillano en varios proyectos arquitectónicos para la Exposición Universal de 1929.

Paso de palio de Ntra. Sra. de los Ángeles.
Hdad. de los Negritos. **ASC**

Así, como si se tratara de un proyecto de arquitectura, el artista diseñó para la hermandad un palio cargado de elementos ornamentales y simbólicos, persiguiendo el esplendor debido del altar itinerante que se ideaba para la dolorosa. El resultado sería el de un manto bordado en oro y plata sobre tisú celeste, con la inclusión de marfiles en el palio, también bordado en oro y plata. Un palio que buscaba, sobre todo, la fuerza expresiva mediante lineas onduladas, formas vegetales curvadas y motivos decorativos alargados. Toda una revolución dentro de los tradicionales palios sevillanos.

El Pendón Morado de Castilla

Pablo Borrallo

Con cierta convicción, podemos decir que una de las hermandades más relevantes de todas cuantas realizan estación de penitencia hasta la S.M.I. Catedral de Sevilla es la Hdad. de la Sagrada Columna y Azotes, conocida popularmente como "Las Cigarreras", por haber estado establecida canónicamente en la antigua Fábrica de Tabacos —hoy Rectorado de la Universidad de Sevilla—, hasta su traslado a la nueva fábrica de tabacos del barrio de Los Remedios. Una notoriedad que le viene por ostentar el título de "Real", dada su tradicional vinculación con la Casa Real Española, pues de hecho, a lo largo de su historia, varios miembros de la realeza han pertenecido de alguna manera a dicha corporación, tal es el caso de la reina Isabel II (Camarera Mayor Perpetua de la Virgen, 1882), el rey Alfonso XIII (Hermano Mayor Honorario, 1894), la reina Victoria Eugenia de Battenberg (Camarera Mayor Perpetua de la Virgen, 1906), el rey Juan Carlos I (Hermano Mayor Honorífico, 1992) y la reina Sofía de Grecia (Camarera de Honor, 1992).

Si observamos con detenimiento las insignias que portan sus nazarenos durante su recorrido procesional, hemos de reparar en una en particular, que va colocada en la antepresidencia del majestuoso paso de palio de cajón de Ntra. Sra. de la Victoria, es el conocido Pendón Morado de Castilla. Un insignia que simboliza la presencia del rey en el cortejo, que fue concedida a la corporación cigarrera a modo de privilegio por Real Orden del 5 de junio de 1902, y que estaría presidiendo la estación de penitencia entre 1903 y 1931, y desde 1993 hasta la actualidad.

Históricamente, el Pendón Morado de Castilla tiene un origen desconocido, pues sabemos que nunca existió un pendón o bandera de Castilla con un diseño único. De hecho, la presencia del castillo o los colores del propio paño ha ido cambiando según las épocas. En todo caso era símbolo del reino de Castilla, más allá del color empleado, habitualmente el carmesí. Confusiones posteriores llevaron a aplicar el morado al color del paño del pendón, identificándolo con el color de Castilla, lo que influiría en la franja morada propia de la bandera utilizada durante la II República Española.

Posiblemente, el color carmesí o púrpura, asociado históricamente a la autoridad de los monarcas, tanto por el desgaste del propio color en algún pendón, como por su relación cromática, pudiera confundirse en algún momento con la tonalidad morada, de ahí que el pendón castellano, tradicionalmente, carmesí, haya pasado a la historia como el "Pendón Morado de Castilla", que en todo caso, en cuanto a insignia es símbolo absoluto de la vinculación de la Hdad. de las Cigarreras a la Monarquía Española.

Pág. dcha: Pendón Morado de Castilla. *ASC*

El cáliz de la Pasión: *"Padre, hágase tu voluntad"*

Pablo Borrallo

Uno de los más clásicos pasos de misterios de la Semana Santa de Sevilla, el de la Oración de Jesús en el Huerto de los Olivos, de la Hermandad de Monte-Sión, nos remite cada Jueves Santo a la meditación del primer misterio doloroso: la agonía de Jesús en Getsemaní (*Agonia in Hortu*). Según cita se cita en el Evangelio según San Mateo, 26, 36-39: *"Jesús fue con ellos a un huerto, llamado Getsemaní, y dijo a sus discípulos: 'Sentaos aquí mientras voy a orar'. Y tomando consigo a Pedro y a los dos hijos de Zebedeo, comenzó a sentir tristeza y angustia. Entonces les dijo: 'Mi alma está triste hasta el punto de morir; quedaos aquí y velad conmigo'. Y adelantándose un poco, cayó rostro en tierra, y suplicaba así: 'Padre mío, si es posible, que pase de mí esta copa, pero no sea como yo quiero, sino como quieras tú'"*.

El Ángel confortador de la Hdad. de Monte-Sión. *PA*

El combate espiritual que Cristo libró en el Huerto de los Olivos solo pudo alcanzar la victoria por medio de la oración. Jesús en el combate de la agonía venció la tentación del mal por medio de la oración. Al aparecérsele el Ángel Confortador, Jesús mostró su inquebrantable adhesión al plan salvífico de Dios: *"Padre, hágase tu voluntad y no la mía"*.

La presencia del cáliz y la cruz en las manos del ángel confortador, que podemos contemplar en el misterio procesional de la Hermandad de Monte-Sión, es símbolo inequívoco de la victoria de la Cruz de Cristo por medio de la sangre derramada. Así, todos los que beban de ese cáliz de la pasión alcanzarán por medio de Jesús la gloria eterna. Este primer misterio doloroso debe servir a los cristianos, al igual que el resto, para revivir la muerte de Jesucristo, poniéndose al pie de la cruz junto a María, para penetrar con ella en la inmensidad del amor de Dios a la humanidad.

Señor de la Oración en el Huerto. *ASC*

En la contemplación del misterio de Monte-Sión queda atrapada la más decidida voluntad del Hijo del Creador de cumplir el fin por el que había sido enviado en medio de los hombres. Lo que se presentaba como cáliz en la oración de Jesús en el Getsemaní no es la imposición del Padre a sufrir una dolorosa Pasión, sino que lo que Jesús tiene que beber del cáliz es la ingratitud de toda la humanidad ante el amor del Padre. Jesús no es un condenado de Dios, sino todo lo contrario, la expresión máxima de su amor. A lo largo de su vida, Jesucristo mostró el amor del Padre con enseñanzas y milagros, pero también, con la entrega en la cruz de su propia vida. La oración en Getsemaní fue la mayor y más clara afirmación de que Jesús quería cumplir la voluntad de Dios por amor a la humanidad. De ese modo, en la Cruz, exclamaría antes de entregar su alma que todo se había cumplido.

La Humanidad Dormida: el apostolado de Monte-Sión

Pablo Borrallo

Cuando la esperada *Madrugá* va cantándole nanas por saetas a la tarde del Jueves Santo para que vaya quedándose dormida, un halo somnolente se apodera del viejo barrio de la calle Feria. El majestuoso paso de Misterio de Monte-Sión camina recto hacia la Catedral mostrándonos la angustia de un Jesús, sudoroso de sangre, que implora al Cielo en la más absoluta soledad, pues sus más aventajados discípulos, Pedro, Santiago y Juan, se han quedado dormidos a la sombra de los viejos olivos. Al respecto, el Evangelio de Marcos (14, 34-24) cita: "*Se acercó a los discípulos, los encontró dormidos y dijo a Pedro: '¿Así que no habéis podido manteneros despiertos conmigo ni una hora? Manteneos despiertos y pedid no ceder a la tentación; el espíritu es animoso, pero la carne es débil'. Se apartó por segunda vez y oró diciendo: 'Padre mío, no se haga mi voluntad, sino la tuya'. Al volver los encontró otra vez dormidos, porque los ojos no se les mantenían abiertos. Los dejó, se alejó de nuevo y oró por tercera vez, repitiendo las mismas palabras. Al final se acercó a los discípulos y les dijo:'¿Así que durmiendo y descansando? Mirad, está cerca el momento de que el Hombre sea entregado en manos de los pecadores'*".

En primer plano el apóstol San Pedro. ***ASC***

Simbólicamente, esa dormición de los apóstoles nos lleva a identificar su sueño con el de la propia Humanidad, esa humanidad que permanece, plácidamente, dormida y despreocupada por completo del sufrimiento y el dolor ajeno. Una metáfora de esta sociedad en la que vivimos donde la indiferencia por todo aquello que no nos importa nos hace caer

Detalle del Apostol Santiago. Hdad. de Monte-Sión. **ASC**

en la complacencia, sin pensar siquiera en la magnitud de las consecuencias de esa dejadez. Al igual que Cristo por tres veces se dirige a sus apóstoles y los encuentra dormidos, incumpliendo su mandato de vigilar y rezar ante el peligro que se cernía, la Humanidad no es capaz de mantenerse despierta ante las tentadoras y traicioneras fuerzas del mal que conspiran contra el plan salvador de Dios. Hoy día, muchos son los que llevados por un ritmo frenético de vida solo se entregan a la búsqueda de riquezas o placeres, demostrando con ello poseer un espíritu dormido. De hecho, vivimos en tiempos de indiferencia religiosa donde muchas personas viven de espaldas a un Dios al que creen que nunca han de rendir cuentas. Igualmente, hay quienes enfrentando razón y fe se conforman con pertenecer a la Iglesia sin más participación en ella que haber recibido el sacramento del Bautismo. Esas personas, simbólicamente hablando, son como los apóstoles de Monte-Sión, permanecen sumidas en el más profundo sueño espiritual.

Paso de Cristo de la Hdad. de Monte-Sión. **ASC**

Así, para la construcción de una sociedad nueva donde reinen los preceptos básicos del amor y la justicia de Dios, en el anhelo de cimentarla de nuevo en unos valores humanos que por momentos parecen haberse perdido, es muy importante que los cristianos sepamos mantenernos despiertos espiritualmente. Bien lo señala la Biblia en el Libro del Apocalipsis de San Juan 16, 14: *"Dichoso el que está dispuesto"*.

La novia del Jueves Santo: Ntra. Sra. del Rosario y los doce rosarios de Monte-Sión

Pablo Borrallo

El esplendoroso paso de palio del que hace gala la Hermandad de Monte-Sión para pasear a la venerada imagen de Nuestra Señora del Rosario (anónima, siglo XVII), presenta una serie de particulares que a la vista lo hacen diferente. En primer lugar, por el peculiar recogido a la cintura del manto blanco de la dolorosa; y en segundo lugar por los doce rosarios que penden de los doce varales que sostienen su espléndido palio.

Detalle de uno de los varales. *JJ*

Se desconoce, incluso en la propia corporación, el por qué del recogido del manto de la Virgen, si bien la opinión más extendida es que al colocárselo por primera vez, para la procesión del Jueves Santo de 1921, las medidas de este eran demasiado grandes, de ahí que para solventar el problema de cálculo, se deci-

Original recogido del manto de Mª Stma. del Rosario. *ASC*

diera recogerlo a la cintura con un cíngulo a imitación del que porta la Virgen del Amparo, lo que estéticamente creó gran aceptación, perfeccionándose con el tiempo hasta adoptar la forma de bullón con el que actualmente se le recoge. Esa apariencia hace parecer a la Santísima Virgen del Rosario toda una novia, de ahí el apelativo con el que se le conoce, la "novia

Mª Stma. del Rosario. *JJ*

Vista lateral de los varales con sus rosarios. **ASC**

del Jueves Santo". Y es que el color del manto y la singular forma del recogido, unidos a los atributos propios de la novias que se dirigen al altar, otorgan a la talla un halo aún más puro, siendo el recogido del manto claro símbolo de virginidad.

Junto a ese aspecto tan peculiar, goza de enorme popularidad en el palio de Monte-Sión los doces rosarios que penden de la parte superior de los varales y el rosario de plata de mano que porta la dolorosa en la salida procesional, regalo este último del torero mejicano Carlos Arruza, que fue Hermano Mayor de la corporación. La presencia de estos doce rosarios son claro símbolo de la advocación del la Virgen y nos induce a meditar los propios misterios del rosario. Y nos recuerda su vinculación a los frailes dominicos del convento de Monte-Sión. Formalmente, son rosarios inspirados o copiados de los que portan las Hermanas de la Compañía de la Cruz de Sevilla y su colocación en el palio, pendiendo de las perillas de los varales, confieren al paso un sonido alegre y peculiar cuando se encuentra en movimiento pues, simbólicamente, el tintineo celestial provocado por ese roce hace parecer que los propios rosarios rezan sin palabras los misterios dolorosos de la Virgen, constituyendo cada *chicotá* un misterio de dolor pero también de gozo. La Virgen del Rosario en actitud de aflicción nos invita, claramente, a todos a reflexionar sobre su advocación: los misterios dolorosos del Rosario, esto es, la Oración en el Huerto, la Flagelación, la Coronación de Espinas, Jesús con la Cruz a cuestas y la Crucifixión y Muerte de Jesús.

La Cruz Velada de la Magdalena

Pablo Borrallo

Gran elemento simbólico del Jueves Santo hispalense por su clara apariencia estética es la cruz de guía que abre el cortejo procesional desde la Parroquia de la Magdalena, de la Hermandad de la Quinta Angustia, una cruz con velo, muy típica ya en la Semana Santa desde el siglo XVIII.

Una "cruz velada" cuyo origen histórico puede estar en la costumbre, el quinto domingo de Cuaresma, de cubrir las imágenes y los velos de los templos. Conforme al Misal Romano, antes de celebrar las Vísperas del Domingo de Pasión, se cubrían las cruces, que permanecían así hasta la celebración de la Pasión el Viernes Santo, como las imágenes, que se descubrían con el Gloria de la Vigilia Pascual la noche del Sábado Santo al Domingo de Resurrección, aunque hay que apostillar, que se permitía dejar al descubierto a las imágenes que en sus distintos pasos formaban parte de las procesiones.

Antes de la reforma litúrgica que siguió a la celebración del Concilio Vaticano II, dicha costumbre era obligatoria, cubriéndose, además de imágenes y cruces, entre ellas la parroquial, también los altares con velos de color morado sin transparencias ni adornos relacionados con la Pasión y Muerte de Cristo. Al llegar el Viernes Santo, el preste descubría la cruz del altar para que fuera adorada, haciéndose, seguidamente lo propio con el resto de cruces del templo.

Con el Nuevo Misal del Vaticano II, ya con el pontífice Pablo VI, ese rito dejó de ser preceptivo para convertirse en facultativo u opcional, cayendo prácticamente en desuso, salvo en los lugares donde era tradición. Simbólicamente, y en recuerdo de ese tradicional rito, durante la Semana Santa de Sevilla, constatamos la presencia de cruces veladas en dos cortejos penitenciales, que son los de la Agrupación Parroquial de la Pasión y Muerte, la tarde del Viernes de Dolores; y la Hermandad de la Quinta Angustia en la tarde del Jueves Santo.

Teológicamente podemos darle la siguiente explicación: Según las Sagradas Escrituras, con la muerte de Cristo el Viernes Santo, *"el velo del templo se rasgó en dos, de arriba abajo"* (Marcos 15, 38), con lo que el velo simboliza el cuerpo roto de Jesús. Igual que la vida se rasgó en su cuerpo, las cortinas o velos se rasgan (en nuestra liturgia se descubren) para que los fieles pueden acceder al lugar donde se encuentra el Santísimo. Sin embargo, hay corrientes que identifican, simbólicamente, el velo delante de la cruz con la túnica del todopoderoso.

Pág. dcha: Cruz Velada de la Magdalena. ***ASC***

La reliquia de la Pasión: la Santa Espina del Valle

Pablo Borrallo

De entre todas las reliquias que poseen las hermandades y cofradías de Sevilla y que a su vez procesionan durante la Semana Santa, destaca junto al *Lignum Crucis*, la reliquia de la Espina de Cristo que custodia la Hermandad del Valle. Conviene apuntar que el origen de dicha corporación, la primera en recibir el título de Archicofradía, hay que rastrearlo en el año 1590, cuando quedan fusionadas las hermandades de la Santa Faz (1450), fundada en el convento del Valle; y la de la Coronación de Cristo (1540), fundada en la iglesia de San Martín. La nueva Hermandad del Valle, tras residir en el convento del mismo nombre hasta el siglo XX, se trasladó a las iglesias de San Román, San Andrés, el convento del Santo Ángel y finalmente a la iglesia de la Anunciación en 1970. Hay que decir que durante unas obras acaecidas en la iglesia de San Martín a principios del siglo XV, se encontró en los muros de la antigua fábrica, una caja de plomo que contenía una Espina de la Corona de Cristo con la siguiente inscripción: *"Soy de la iglesia de San Martín"*. Desde ese instante, la reliquia ganaría una devoción enorme, hasta el punto que miembros de la congregación que le rendía culto (Santísimo Sacramento, Santa Espina de Cristo y Animas Benditas), fundarían en 1540 en la iglesia de San Martín, la Hermandad de la Coronación de Cristo, que como antes se apuntaba, fusionada con la de la Santa Faz, daría lugar a la Hermandad del Valle.

Históricamente, han sido muchos los desencuentros entre la Hermandad del Valle y la iglesia de San Martín sobre los derechos de posesión de tan preciado valor religioso. A estas desavenencias pondría fin el cardenal D. José María Bueno Monreal, quien en 1964 dio la razón y ortorgó la reliquia en custodia a la cofradía del Jueves Santo, atendiendo a que los orígenes del Valle se remontaban a una Hermandad de la Coronación, que había nacido para rendir culto a la Santa Espina en la iglesia de San Martín. Años después, en 1995, la Hermandad de la Lanzada, radicada en San Martín, se dispuso judicialmente a reclamar el objeto, si bien sus intentos fueron, absolutamente, infructuosos.

Actualmente, la reliquia de la Santa Espina puede ser venerada por los sevillanos durante la Semana Santa, pues cada Jueves Santo forma parte del cortejo procesional del Valle, siendo portada sobre andas por un cuerpo de acólitos dentro del tramo de nazarenos del Santísimo Cristo de la Coronación de Espinas (Agustín de Perea, 1687). Como nota curiosa cabe indicar que, ya en el siglo XVII, el ínclito imaginero Juan de Mesa mantuvo tal devoción por la Santa Espina, que incorporó su iconografía a la firma de sus obras. Así vemos cómo imágenes que salieron de sus prodigiosas manos como el Cristo del Amor, el Gran Poder o el Santísimo Cristo de la Conversión tienen una espina atravesando el lóbulo de su oreja.

Pág. dcha. Santa Espina. ***ASC***

"Sosegada y en calma": la Ronda del Jueves Santo

Pablo Borrallo

Uno de los aspectos más singulares de las procesiones del Jueves Santo es la inclusión en ellas de un rito simbólico que forma parte del patrimonio inmaterial sevillano, y que pese a su importancia pasa casi desapercibido para el gran público, siendo para no pocos cofrades un hecho seudodesconocido, estamos hablando de la conocida como "ronda del Jueves Santo". Formalmente, de ese rito participa en la actualidad un piquete de la Guardia Civil, que situándose tras el palio de la Virgen del Valle y antes de la cruz de guía de Pasión, realiza gran parte del recorrido de la Carrera Oficial hasta llegar a la Santa Catedral. Simbólicamente, su presencia entre ambos cortejos recuerda el recorrido, que a finales de la Edad Moderna, realizaban los alguaciles para despejar las calles, evitando altercados, para predisponer a la ciudad para recibir la festividad del Jueves Santo. Al acabar ese recorrido en la Santa Catedral, el asistente, ante el tribunal del Cabildo y en la Puerta de San Miguel, pronunciaba la siguiente frase: "*La ciudad se encuentra sosegada y en calma, conforme a la festividad del día*". Con ello, las hermandades hispalenses, timoratas de posibles alborotos, se lanzaban sin miedo a realizar sus estaciones penitenciales por las calles de una ciudad preparada para recibirlas sin altercados. Hay que recordar que ya durante el siglo XVIII, muchos fueron los enfrentamientos que se sucedieron entre distintas cofradías y adeptos de ellas por las calles para dirimir las primacía de paso, lo que daba lugar en incontables ocasiones a disturbios entre los propios nazarenos, que acababan en episodios de graves altercados públicos, sofocados al fin por las las fuerzas de seguridad. Esos desagradables acontecimientos provocarían que, tanto las autoridades religiosas como civiles, entendieran la necesidad de crear un control, por lo que desde el año 1794 se crearon unas serie de rondas de vigilancias por parte de los alguaciles de la Audiencia, que velaban tanto por el buen comportamiento de los distintos cuerpos de nazarenos, como de los propios fieles que acudían a ver las cofradías. Con el tiempo, dicha práctica acabaría por desaparecer con la buena voluntad tanto del Ayuntamiento como de la Iglesia de Sevilla para organizar el buen discurrir procesional, de ahí la práctica de pedir tres venias a lo largo de la Carrera Oficial.

Hoy día, el piquete de la Guardia Civil se incorpora a la altura de la calle Albareda, simbólicamente frente a la antigua Cárcel Real, se dirige a la plaza de San Francisco, donde recoge al Subdelegado del Gobierno en Sevilla (otras veces al Gobernador Civil), portador de la llave del monumento de la Catedral y hacen el recorrido hasta la Puerta de San Miguel donde la entrega al canónigo que corresponda, bajo la fórmula más arriba descrita: "*Sosegada y en calma*".

Pág. dcha: Ronda del Jueves Santo. *ASC*

Bankia
Bankia

El Cuerno de la Abundancia y las Hojas de Acanto: las túnicas de Pasión

Pablo Borrallo

La Semana Santa de Sevilla presenta una riqueza en cuanto a ajuares de túnicas bordadas realmente monumental, siendo especialmente relevantes algunas piezas propiedad de la Hermandad del Gran Poder o de la Hermandad del Silencio. Si bien, hay dos túnicas que llaman notablemente la atención por la riqueza simbólica que presentan, que son la Túnica de los Cuernos de la Abundancia (1845, Manuel María Ariza. Restaurada en 1992 en los talleres de bordado de Santa Bárbara) y la Túnica de Acantos (1869, Patrocinio López), ambas piezas propiedad de la Hermandad de Nuestro Padre Jesús de la Pasión, dos auténticas joyas del bordado hispalense.

Las manos de Pasión. *TG*

El rebosante cuerno de la abundancia. *Rubens* (1630)

La conocida como Túnica de los Cuernos de la Abundancia es una pieza cargada de simbolismo, pues las figuras bordadas en ella son expresión misma de prosperidad. Mitológicamente, el Cuerno de la Abundancia hunde su origen en la mitología griega, cuando el dios Zeus fue criado con leche de la cabra de la ninfa Amaltea. Encontrándose jugando un Zeus aún niño, partió involuntariamente con sus rayos uno de los cuernos de la cabra. Para compensarlo, Zeus entregó a Amaltea ese cuerno roto, confiriéndole el poder suficiente para el que lo poseyera obtuviese todo cuanto deseara, de ahí la leyenda de la Cornucopia o Cuerno de la Abundancia, que a lo largo de los siglos se ha venido representando en las artes relleno de flores y frutas, como claro símbolo de riqueza, abundancia, frutos de la naturaleza y prosperidad. La túnica de la que hace gala Jesús de Pasión es símbolo por tanto de las abundancias espirituales que Dios quiere dar a todos los que se acercan a Él, a todos los que están llamados a comer del banquete celestial.

Junto a esa túnica de los Cuernos de la Abundancia, cabe destacar por su riqueza simbólica la conocida Túnica de las Hojas de Acanto. Una túnica rica en exorno vegetal, con una enorme profusión en los bordados cardosos en forma de hojas de acantos, cuyo nombre científico es *acanthus mollis*. Un tipo de planta de origen mediterráneo que proviene del término griego "akantha", que significa espina y cuyas flores mezclan los colores blancos y púrpura con espigas. El simbolismo de la túnica radica en que la floración de los acantos, al ser duradera y abundante, es similar al mensaje evangélico de Jesús, que además nos muestra su pureza en el blanco de las flores y las huellas de su sufrimiento en el color púrpura de la hojas. La traducción de "akantha" como espina es una clara alusión a esa Pasión sufrida, y que lleva Jesús como advocación en esta importante talla del Siglo de Oro atribuida al genial Juan Martínez Montañés.

Dcha: Ntro. Padre Jesús de la Pasión. *JJ*

Ntro. Padre Jesús de la Pasión. ***PA***

Ntro. Padre Jesús de la Pasión. ***CR***

La Madre y Maestra: la saeta, la venia por escrito y los antoninos

Pablo Borrallo

La carga de emociones más importante de la Semana Santa de Sevilla viene a darse en la conocida *Madrugá*, una noche donde se desatan sentimientos, ritos y esperanzas. De entre las cofradías que hacen estación penitencial, por su carga simbólica, hemos de destacar a la Hermandad del Silencio, pionera de entre las cofradías y considerada la Madre y Maestra de todas. Se estima su origen allá por el año 1340 en la parroquia de Omnium Sanctorum, siendo su cortejo procesional el primitivo de los nazarenos de Sevilla, naciendo el resto de hermandades penitenciales por imitación de ella, particularmente tomando como ejemplo la indumentaria de sus nazarenos, de ahí el nombre de ellos. Su manera de componer el cortejo procesional y el carácter solemne que otorga al discurrir de sus nazarenos ha servido para imprimir carácter y hacer de modelo e imitación para el resto de las llamadas hermandades serias. El silencio, el rigor, la solemnidad y la riqueza espiritual acompañan el transitar del paso de Jesús Nazareno (atribuido a Francisco de Ocampo, 1609) y el palio de Nuestra Señora de la Concepción (Sebastián Santos, 1950). Cada año, al abrirse las puertas de la iglesia de San Antonio Abad, una saeta rasga el cielo anunciando el comienzo de la *Madrugá*, siendo la única saeta

Ntro. Padre Jesús Nazareno. ***ASC***

que se canta a una cruz de guía durante toda la Semana Santa. Seguidamente, ríos de nazarenos negros se abren paso hacia la Campana, para haciendo acopio de su voto de silencio, solicitar la venia de una forma distinta a la que hacen el resto de las hermandades, pues de hecho, el fiscal de la cruz de guía, entregando un

Diputado de cruz de guía del Silencio portando en la mano la venia por escrito. ***ASC***

Momento en el que se canta la saeta en la salida a la Cruz de guía del Silencio. ***Joaquín Galán***

papel a los representantes del Consejo Gral. de Hermandades y Cofradías, solicita esa venia por escrito, en lo que supone un acontecimiento de enorme carga simbólica por el riguroso sentido de penitencia que da al cortejo.

Antoninos del Silencio. ***Rafael Bellvís Zambrano***

Además, el simbolismo del que hace gala la hermandad se traduce en un sinfín de aspectos que se vienen a la vista del espectador, destacando la compostura de unos nazarenos que siempre miran al frente, las cruces portadas por los penitentes en sentido inverso a la manera de como lo hace la imagen de Jesús Nazareno, la presencia de servidores de librea llamados "portiraris", descritos en capítulos precedentes; o la presencia de los llamados "antoninos", una representación de seis hermanos nazarenos, que portan cirios bajados, apagados y que se colocan de tres en tres en las antepresidencias de ambos pasos, los primeros con cirios morados y los segundos con cirios blancos, pintados en ellos Cruz Tau y el escudo de la hermandad. La función simbólica de estos "antoninos", es recordar la concordia perpetua concertada con la Orden de San Antonio Abad, extinguida en 1791 por bula papal de Pio VI; y la propia archicofradía.

El Cirio Votivo, la Espada y la Llave

Pablo Borrallo

La Primitiva Hermandad de los Nazarenos de Sevilla, vulgarmente, conocida como El Silencio y considerada, ya desde fines del siglo XVIII, como la Madre y Maestra de las cofradías de Sevilla, tal y como se ha expuesto en el capítulo anterior, presenta en su cortejo procesional una serie de peculiaridades de interesante carga simbólica, indudablemente, unida al peso de su gran historia. Así, entre ellas, llama, poderosamente, la atención la presencia de tres elementos: el Cirio Votivo, la Espada y la Llave.

Tanto el Cirio Votivo como la Espada se sitúan dentro del cuerpo de nazarenos en el tramo de Virgen, flanqueando la bandera concepcionista. El Cirio Votivo, con el escudo de la Archicofradía, se porta alzado, simbolizando su luz el juramento en la creencia del Dogma Inmaculado de la Virgen María realizado por la hermandad.

La Espada, por su parte, simboliza el compromiso de los hermanos de la corporación de defender ese dogma inmaculado, derramando la sangre si fuera necesario, en función del voto realizado el 29 de septiembre de 1615, fecha en la que precisamente se incorpora por vez primera la Bandera Concepcionista al cortejo de nazarenos. Desde entonces conocida, popularmente, como la Bandera del Voto.

La Llave del Sagrario. *Francisco Javier Montiel*

Por último, vemos como en el cortejo del Silencio, el hermano mayor con la indumentaria de nazareno porta una llave al cuello, que se apoya sobre su pecho. Hay que puntualizar que, tradicionalmente, los párrocos colgaban al cuello las llaves de los sagrarios, tanto el Jueves Santo como el Viernes Santo, como símbolo de la reserva del Santísimo. En el caso del Silencio, se trata de la llave del Sagrario de la propia iglesia de San Antonio Abad y que

Cirio Votivo. ***Francisco Javier Montiel***

Espada del Silencio. ***Francisco Javier Montiel***

según un privilegio concedido en 1661 por el comendador de los frailes antoninos, la propia orden cedía al hermano mayor de la corporación la potestad de portar la llave del monumento eucarístico durante el discurrir procesional de la Archicofradía hacia la Santa Catedral, en atención a la enorme relación que unía a la congregación religiosa y a la corporación penitencial. Un privilegio que, a fines del siglo XVII, en 1688, sería elevado a perpetuidad ante notario, conservándose en la actualidad en el Archivo de Protocolos de Sevilla.

A pesar de que hoy día la iglesia donde El Silencio se erige canónicamente ya no pertenece a los frailes antoninos, el Hermano Mayor sigue portando visible la llave del Sagrario del templo en recuerdo de esa bella tradición.

La primacía de paso: la Concordia

Pablo Borrallo

Cuando va muriendo otro Jueves Santo y se acerca la anhelada *Madrugá*, miles de sevillanos se congregan ante las puertas de la Basílica de la Esperanza Macarena parar ser testigos de un rito que se produce cada año, la visita de una representación de nazarenos de la Hermandad del Gran Poder, que se dirigen hasta ese templo con la intención de postrarse ante la Señora de San Gil y pedir la venia para pasar primero por la Carrera Oficial. Para hacer cumplir lo que se da en llamar "la Concordia".

Este hecho tan simbólico presenta unos orígenes que debemos rastrear a finales del siglo XVIII, cuando en el año 1776, la Cofradía de la Sentencia, por derecho de antigüedad, cede a la del Gran Poder, el privilegio de entrar antes en la Santa Catedral, bajo la condición de que cada año, la Hermandad de la Plaza de San Lorenzo se dirigiera a la Hermandad de la Macarena para solicitar dicha concesión, antes de la salida procesional, que se otorgaba bajo la fórmula: "*Por una sola vez y sin que sirva de precedente*". Así, tenemos noticias ya de una ceremonia de este tipo en 1777, cuando se concedía una venia, por la que la Macarena pasaba a ser la tercera en procesionar, tras El Silencio y el Gran Poder, hecho que se extendería durante todo el siglo XIX.

Sin embargo, ya en el siglo XX, concretamente en 1902, ante las desavenencias ocurridas entre las dos hermandades por cuestiones de itinerarios, la corporación de San Gil se plantea hacer uso de su derecho de antigüedad por considerar que la sobria corporación de la *Madrugá* no cumplía, adecuadamente, con el pacto de la petición de la venia. Así ocurrió en 1902, cuando la hermandad macarena antepuso su paso en Carrera Oficial a la corporación del barrio de San Lorenzo. Tal límite alcanzó el enfrentamiento, que el cardenal Marcelo Spínola, conocido como el "arzobispo mendigo", por su tendencia natural en pedir, personalmente, por las calles para los más pobres y desfavorecidos de la ciudad, no tuvo más remedio que hacer uso de su talante conciliador para mediar entre las partes en aras de llegar a un entendimiento y poner fin al conflicto. La conocida "Concordia" sería firmada el 24 de marzo de 1903, extendiéndose desde entonces hasta nuestros días, siendo renovada por ambas partes, en el año 2003, con motivo del primer centenario de la entente, en presencia del por entonces arzobispo de la ciudad y posteriormente cardenal, monseñor D. Carlos Amigo Vallejo. Desde entonces, también, una representación de la Centuria Romana Macarena, conocida como los "Armaos", visita la basílica de Jesús del Gran Poder para rendirle pleitesía, utilizando la exclamación: "*Abrid las puertas del cielo para rendirme a los pies de este Jesús Nazareno*".

Nazarenos del Gran Poder arrodillados ante los titulares de la Hdad. de la Macarena. **ASC**

La zancada portentosa

Pablo Borrallo

Alfa y omega, principio y fin último de todo lo creado, camino, verdad y vida... es Jesús del Gran Poder, la gran devoción sevillana. Bendita imagen tallada por Juan de Mesa en 1620 para admiración del mundo, que desde el rincón de la recoleta plaza de San Lorenzo carga en la cruz con el peso de nuestros pecados y siembra con su zancada portentosa la valentía de una vida cristiana ejemplar que debe guiarnos a la vida eterna.

Esa es sin duda la verdadera iconología de la zancada valiente de Jesús del Gran Poder, cargar con humildad y paciencia nuestra cruz de cada día, nuestras pesadumbres y obligaciones, y hacerlo, al tiempo, con una actitud valerosa, poniéndolo todo en las manos de Dios. Jesús del Gran Poder es el ejemplo a seguir, pues no solo acata la voluntad del Padre, sino que lo hace, mansamente, pero con soberana y portentosa decisión, tal y como había predicho en el Monte Sión: *"Padre, hágase tu voluntad"*.

Cada año, al llegar la *Madrugá*, Jesús camino del Calvario sujeta, fuertemente y con ambas manos, el palo transversal de la cruz, para en amplia zancada ir abriendo camino hacia la salvación. Ríos de nazarenos negros alumbran, con la nueva luz que trae el Hijo de Dios, las tinieblas y oscuridades que campan por el mundo. Un caminar recto, sobrio, decidido y firme se dirige a la infinitud... es el Salvador del Mundo, el dueño de lo finito y lo infinito, el Señor de lo posible y lo imposible y el sueño de Sevilla hecho madera, por obra y gracia de las manos venturosas de un genio cordobés de la imaginería del Siglo de Oro.

Sevilla se reencuentra con Aquel a quien Dios elevó del madero al Cielo, para que todo el que lo contemplara doblara su rodilla. Ese majestuoso poder recorre las calles de una ciudad, que siempre camina al lado del que surca senderos de luz con su zancada desafiante, recogiendo súplicas y plegarias y quebrando albores y pecados, cuando la solemnidad del Viernes Santo le va sonriendo a la festividad de un Domingo de Resurrección donde se proclama el triunfo de la vida.

Zapatillas costaleras rachean hacia la Santa Catedral el atrevido y decidido andar del hijo del carpintero, aquel que, como reza en el dintel de la Basílica de San Lorenzo, tiene en sus manos el Poder y la Gloria de Dios. Mientras lo etéreo va evaporando el embeleso de un fieles que imploran, en esa zancada valiente queda atrapado el tiempo y la eternidad misma.

Pág. dcha: Ntro. Padre Jesús del Gran Poder. *JJ*

La corona de serpientes

Pablo Borrallo

Iconográficamente, la corona de espinas, que rodea la cabeza y parte del rostro de Nuestro Padre Jesús del Gran Poder, no se trata solo de una corona de espinas al uso, sino de una corona de serpientes de enorme carga iconológica. La sobria corona que abraza la cabeza del Señor de Sevilla, tallada directamente sobre ésta y de claro estilo barroquizante, presenta una serpiente que se muerde la cola.

Dicha corona, que se ciñe sobre la sien, la frente y el cabello, ha dado lugar a varias interpretaciones teológicas por su carácter simbólico. Así, la fuerza del pecado, asociado desde el libro del Génesis a la serpiente, contrasta con un rostro donde la belleza y el dramatismo se dan la mano, siendo la resignación, la firmeza y la fuerza de voluntad del Hijo de Dios, escudo divino ante la tentación.

Vista trasera de la corona de espinas. *JJ*

La corona de serpiente del pecado es analogía pura de aquella del Edén celestial, que le ofreció a Adán y Eva comer del fruto de lo prohibido desafiando a Dios. En clara contraposición, Jesucristo, pese a ser tentado a lo largo de su vida, decide ser fiel a la voluntad del Padre Creador y en esa venerada imagen del Gran Poder demuestra cargar sobre su cabeza con nuestros pecados y entregarse por nosotros para redimir el pecado original.

La corona, tradicionalmente interpretada en el arte como símbolo de la más alta y suprema dignidad, en la imagen del Señor de Sevilla cambia de interpretación al advertirse en ella una serpiente, remitiéndonos al arte del antiguo Egipto, donde la representación de la serpiente envolviendo al mundo, de claro origen mitológico, era muy común. En el caso de Jesús del Gran Poder, el hecho de estar la mencionada serpiente mordiéndose la cola, sugiere un círculo perfecto en el que se resume el misterio de la vida, con Jesucristo como alfa y omega o principio y fin de todo.

Rodeando, por tanto, la cabeza del Salvador del Mundo, y describiendo círculos perfectos, la coro-

Ntro. Padre Jesús de Gran Poder. Detalle de la corona de espinas. JJ

na de serpiente del Gran Poder encierra en sí el sentido de la continuidad, remitiéndonos a una continuidad que iconológica o simbólicamente debemos asociar con esa eternidad a la que nos empuja el testimonio de Cristo.

Históricamente, hemos de incidir en el origen egipcio de esta iconografía, retomada por los imagineros ya desde el periodo barroco, alcanzando en las manos maestras del cordobés Juan de Mesa su gran plenitud, y es que si algún elemento simbólico hay que destacar de entre todas las imágenes que procesionan durante la Semana Santa de Sevilla, ese es sin duda la corona de serpiente de Jesús del Gran Poder.

Las Mariquillas de la Esperanza Macarena

Pablo Borrallo

Suntuosos y elegantes ajuares engalanan la presencia de la Esperanza Macarena, con un sello tan propio, que desde tiempos de Juan Manuel Rodríguez Ojeda, la dolorosa de San Gil se ha convertido en todo un paradigma de la imaginería cofrade y en ejemplo a imitar dentro del arte de vestir a las imágenes. De entre todas las joyas que luce la venerada imagen, las más populares son las conocidas "mariquillas".

Las archiconocidas joyas tienen tras de sí una bella historia que nace a principios del siglo XX, cuando el afamado torero de Gelves, José Gómez Ortega "El Gallo" (1895-1920), también llamado "Joselito el Gallo", férreo devoto de la imagen, decidió donarlas en el año 1913. Las "mariquillas" fueron adquiridas en París, durante una de las visitas que el matador de toros realizó a la capital francesa, donde eran muy habituales entre las mujeres de la alta sociedad. La donación causó una enorme admiración en el pueblo hispalense, no solo por la belleza, sino por la originalidad del presente.

El pecherín de la Macarena fue el lugar elegido por Juan Manuel Rodríguez Ojeda para albergar tan hermoso regalo. Para ello, en sustitución o combinación, con el tradicional puñal que presentaba la Virgen, a las mariquillas se les adhirieron unos muelles especiales, que al ser colocados otorgaban a la imagen un movimiento tan singular, que le hacían, incluso, parecer adquirir vida. El vínculo sentimental entre el torero y la hermandad fue tal, que la Señora de San Gil fue vestida de luto tras la trágica muerte de "Joselito el Gallo" en la plaza de Toros de Talavera de la Reina en 1920.

Detalle de "Las Mariquillas". *JJ*

Tradicionalmente, y por el color verde brillante de las piedras preciosas, se ha venido considerando a las mariquillas de una manera errónea como esmeraldas, hasta ser muy usual el leer o escuchar el término las *"esmeraldas de la Macarena"*. Sin embargo, lo que adquirió el conocido torero fueron cinco pétalos de cristal de piedra de roca francés de color verde, a modo de broches. Con el devenir de los años, las mariquillas se han convertido en todo un icono para la hermandad, siendo su color verde un símbolo de clara Esperanza, que iconológicamente, remite de una manera clara a la propia advocación de la imagen y están en clara sintonía con los Cinco Misterios Dolorosos. Hoy día, las mariquillas secundan a la Macarena en su vestir durante todo el año a excepción de los tiempos litúrgicos de Adviento y Cuaresma, cuando se viste a la dolorosa de hebrea.

Pág. dcha: Ntra. Sra. de la Esperanza Macarena. *JJ*

La Centuria Romana de Sevilla: los "Armaos"

Pablo Borrallo

El origen de la Centuria Romana Macarena conocida como los "Armaos" se encuentra en el año 1658, cuando un grupo veinticinco vecinos de la collación de San Gil forman una representación de la Guardia Pretoriana de Pilatos para escoltar al Cristo de la Sentencia durante su discurrir procesional y anunciar con sus toques la pre-

Coraza, casco y muñequeras de "Armao". *ASC*

La Centuria Romana. Detalles. *JJ*

sencia en las calles del Hijo de Dios escuchando su condena. En esos incipientes años, los miembros de la Centuria Romana portaban armamentos cobijados en la torre del Puente de Triana y en la Alhóndiga procedentes del reino de Nápoles y el Milanesado.

Durante los siglos XVIII y XIX, los "Armaos vivieron periodos de altibajos, pudiéndose ad"-vertir etapas malas, en las que la propia escolta fue suprimida, con etapas esplendorosas, conviviendo durante el mencionado siglo XIX con otras representaciones de centurias romanas incorporadas a sus desfiles penitenciales por hermandades como La Cena, San Agustín, La Lanzada, Los Panaderos, Las Cigarreras, La O, El Cachorro, Montserrat, La Mortaja o el Santo Entierro entre otras, si bien nunca llegarían a alcanzar la popularidad de los macarenos.

En el año 1897 tendrá lugar la última reorganización de la Centuria Romana de la que te-

Centuria Romana. ***JJ***

nemos noticias con la llegada a la hermandad de Juan Manuel Rodríguez Ojeda, siendo importante para el prestigio de la misma el recibimiento que la Guardia Real hizo a los "Armaos" en el año 1905 en el Patio de la Montería de los Reales Alcázares con motivo de la visita a Sevilla del rey Alfonso XIII, quien en persona pasó revista a la propia centuria. Igualmente, el genio del bordado, Juan Manuel Rodríguez Ojeda, confirió a los "armaos" desde 1915 el aspecto que presentan hoy día, dándole un estilo propio y unas señas de identidad inigualables con la confección del diseño del uniforme que llega hasta la actualidad y que sufragó como mecenas el torero "Joselito el Gallo".

Hoy día componen la Guardia Pretoriana unas 120 personas, destacando la figura del capitán, el teniente, el alférez, los cabos y los soldados, a los que hay que sumar a los miembros de la Banda de Cornetas y Tambores. Cada Jueves Santo, antes de acompañar al Señor de la Sentencia en su procesión, realizan una visita al Hospital Virgen del Rocío, iglesia de Santa Marina (Hdad. de la Resurrección), el Santuario del Valle (Hdad. de los Gitanos), el convento de Santa Ángela de la Cruz, el Excmo. Ateneo y la basílica de Ntro. Padre Jesús del Gran Poder.

Los "Armaos" de la Macarena tras el paso de Ntro. Padre Jesús de la Sentencia. ***ASC***

Prior tempore, potior iure: el pájaro imperial de la Centuria

Pablo Borrallo

Al igual que todas las cofradías de la Semana Santa de Sevilla, la Hermandad de la Macarena porta como insignia un senatus (S.P.Q.R) en el cuerpo de nazarenos del Cristo de la Sentencia, si bien, se da la particularidad que no es el único senatus que procesiona en el cortejo penitencial. Así, la Centuria Romana Macarena, los "Armaos", lleva como insignia distintiva propia un senatus de plata que porta el Alférez y que fue realizado por el orfebre Jesús Domínguez en el año 1962.

El senatus de la Centuria, conocido popularmente como el "pájaro imperial", por llevar un animal de estas características en la parte superior, se coloca antecediendo a la tropa tras el paso del Cristo de la Sentencia, rindiéndose honores tales por parte de los oficiales y centuriones, que a su salida de la basílica de la Esperanza Macarena se interpreta solemnemente la Marcha Real. En dicha insignia aparecen dos medallones en los que se puede advertir el número de la legión (LEG. III) y la cara del emperador romano, todo ello al amparo de una expresión, ni escrita ni cincelada en la propia insignia, que está tomada de la Norma del Derecho Romano conocida como "*Prior in tempore, portior in iure*", que se puede traducir como

El "pájaro imperial" de la Centuria. ***ASC***

"*el primero en el tiempo, el mejor en el derecho*". La cita latina vinculada, tradicional y simbólicamente, a la Centuria Romana Macarena hace referencia a un principio de Derecho, según el cual, en caso de controversia o desavenencias entre partes que alegan los mismo derechos sobre una cosa, tiene preferencia el más antiguo o el primero inscrito. Sería el papa Bonifacio VIII en su *Liber Sextus Decretalium*, promulgado el 3 de marzo de 1298, quien dictara por primera vez esa regla que establece el derecho de prioridad sobre las cosas según el orden de inscrip-

Detalle del senatus de la Centuria Romana. *JJ*

Primer plano del "pájaro imperial". *JJ*

ción. Así, podemos decir que el Derecho Romano asiste, iconológicamente, a los "Armaos" de la Macarena, siendo la presencia en el cortejo procesional de la corporación, toda una declaración de intenciones simbólica por parte de la guardia pretoriana, que como si de en un ejercicio de poder se tratara, custodia el derecho que asiste a la Hermandad de la Macarena de pasar por antigüedad en segundo lugar en la Carrera Oficial, en caso de desavenencias con la Hermandad del Gran Poder, si llegara a incumplirse la venia.

El poder de los "Armaos" se representa, al mismo tiempo, en el cuerpo de guardia que forman parte de la Centuria, destacando entre ellos la presencia del capitán, teniente, alférez, cabos y centuriones, que se distinguen los unos de los otros por el dorado o plateado de las corazas y cascos, pero sobre todo por la cantidad de plumas de avestruz que portan en estos últimos. Así, el capitán porta 21, el teniente 19, el alférez 17, los cabos 11 y los centuriones 7.

La morena capitana: el ancla de la Esperanza

Pablo Borrallo

La morena capitana de los sevillanos mares que bajan para Sanlúcar, fija con fuerza su ancla de Esperanza a orillas del arrabal de Triana. La Señora de la calle Pureza destaca, históricamente, por su vinculación a los navegantes, fruto de una afiliación gremial histórica de los marineros del puerto de Sevilla con la hermandad de la *Madrugá*. Ese vínculo ha tenido un reflejo iconográfico a la hora de relacionar a la propia imagen con el mencionado gremio, de ahí que podamos observar en la dolorosa trianera una serie de objetos que indudablemente la entroncan con la marina, tal es el caso de anclas o flotadores, siendo nuestro objeto de estudio el áncora marinera.

Formalmente, el ancla no deja de ser un elemento náutico que sirve para fijar o agarrar la posición de un barco en alta mar sin preocupación de que las corrientes o la fuerza de las olas lo puedan hacer zozobrar o hundir. Por lógica transportación, la simbología del ancla o áncora es una alegoría de la esperanza o la salvación, pues el ancla es símbolo de firmeza, solidez y seguridad en medio de un mar agitado o en tempestad.

La utilización del ancla en el cristianismo se relaciona con la cita bíblica recogida en una de las cartas a los Hebreos (Hb. 6, 18c-19), donde se hace alusión a las promesas de Dios en Jesucristo como esperanza de los cristianos, de la siguiente manera: *"...asiéndonos a la esperanza propuesta, que nosotros tenemos como segura y sólida ancla de nuestra alma"*. Desde entonces, los Padres de la Iglesia, especialmente, San Agustín, dieron un uso continuo a esa representación. De este modo, para los cristianos, desde tiempos remotos, el ancla se convirtió en símbolo de Jesucristo, que salva a las almas de un naufragio espiritual. De hecho, la unión de la cruz y el ancla, conocida como "cruz-ancla" expresa de una manera iconológica la voluntad de los cristianos de anclarse a la cruz de Cristo para no sucumbir a las tempestades de la vida.

En la Semana Santa de Sevilla son varias las imágenes procesionales advocadas con el nombre de Esperanza, siendo la trianera, por evidente cercanía al puerto de Sevilla la que se asocia más al ancla marinera. Así, para los sevillanos, y de una manera especial para los trianeros, el ancla de la Esperanza es sinónimo de sostén ante las dificultades, siendo Ella la salvaguarda de muchos fieles.

Hoy día podemos ver cómo la Esperanza de Triana porta en su pecherín una pequeña ancla, que se reproduce también, en mayor tamaño y distinto material, tanto en el llamador como en las maniguetas del palio, siendo del mismo modo muy simbólico el flotador que pende del brazo izquierdo de la dolorosa.

Pág. dcha: Ntra. Sra. de la Esperanza. ***ASC***

Al Cristo de los Gitanos: la *"Saeta"* de Machado

Pablo Borrallo

Verdadero icono del patrimonio musical cofrade hispalense y uno de los paradigmas de las marchas interpretadas por las agrupaciones musicales, la popular "Saeta", puede considerarse todo un símbolo de la Semana Santa de Sevilla.

Adaptada a composición musical para ser interpretadas tras los pasos de Semana Santa, la conocida "*Saeta*", poema escrito por Antonio Machado, que se encuentra en sus obra *Campos de Castilla* (1929), se popularizó en la voz del célebre cantautor Joan Manuel Serrat ya en el año 1969 cuando la graba por primera vez como parte del LP titulado "*Dedicado a Antonio Machado, Poeta*".

La primera vez que se escuchó la "*Saeta*" en las calles de la ciudad fue interpretada en la Cuaresma del año 1988, cuando la entonces desparecida Agrupación Musical Nuestro Padre Jesus Despojado de sus Vestiduras, precedente de la actual Agrupación Musical Nuestra Señora de los Reyes, se la tocó a su titular en la plaza de San Román y de vuelta ya para la capilla de la calle Doña Guiomar, con motivo de una procesión extraordinaria. Si bien, hay que apuntar que ya un año antes, la extinguida Agrupación Musical Nuestra Señora de las Angustias la grabó en un LP publicado por la discografía Pasarela.

En todo caso, la irrupción de la "*Saeta*" en los repertorios musicales cofrades suscitó tanta aceptación, que su interpretación acabaría popularizándose a ritmos agigantados. Históricamente, pese a que desconocemos la imagen destinataria de las letras del poeta sevillano, dado que en ella aparecía reflejada la advocación popular del Cristo de los Gitanos, por mera transportación nominal, Sevilla entendió que el Santísimo Cristo de la Salud de la Hermandad de los Gitanos era la imagen que mejor recogía esa dedicatoria. De este modo, a los patrimonios religiosos, artísticos y humanos con los que contaba la corporación de la collación de San Román, se vino a sumar el patrimonio musical y sentimental que le otorgó la marcha "*Saeta*", hasta el punto que hoy día no podría entenderse al Cristo de los Gitanos sin la "*Saeta*", ni a la"*Saeta*" sin el Cristo de los Gitanos.

Así, en perfecta simbiosis, la "*Saeta*" y el *Manué* van recortando sombras cada *Madrugá* hasta quebrar los albores de una nueva mañana de Viernes Santos. Nazarenos blancos y morados y la casta de una raza especial que vitorea al mejor de los nacidos, son testigos de la magia que desprenden las revirás eternas del Hijo de Dios a los sones de tan popularizada marcha procesional.

Pág. dcha: Ntro. Padre Jesús de la Salud. ***FJP***

Los Oficios del Viernes Santo

Alberto Diago

"*Perdonar nos da un corazón puro y el que tiene un corazón puro puede amar a Dios*", Santa Teresa de Calcuta, día en el que la Iglesia recuerda y reza la muerte en la cruz del Hijo de Dios, donde la armonía de la liturgia se dibuja en la adoración de la Cruz, donde el cuerpo real de Jesucristo queda vacío del sagrario y se rasga la Santa Cruz con el velo del duelo, donde en esa Cruz, Jesucristo ve el árbol de la vida, fecundo de una nueva esperanza.

Tradicional visita a los sagrarios. ***ASC***

El camino de la Cruz muchas veces nos separa, nos marca, nos deja tocados ante experiencias fuertes como son el sufrimiento, a través de un camino fatigoso, enfermedades, pero la Cruz de Jesús es el signo supremo del amor de Dios hacia cada persona, en cada prueba donde debemos mirar la Cruz de Cristo como San Pablo nos recuerda: "*¿Quién nos separará del amor de Cristo? ¿La tribulación? ¿la angustia? ¿la persecución? ¿el hambre? ¿la desnudez? ¿el peligro? ¿la espada?... pero en todo esto vencemos de sobra gracias a aquel que nos ha amado*". El cielo pierde su luz, se hunde la tierra, mientras que en el templo, el lugar de la presencia de Dios, se rasga el velo que protege el santuario, donde la liturgia nos enseña que no es un templo construido por hombres, porque es el mismo cuerpo de Jesús muerto y resucitado, el que reúne a los pueblos y los une en el sacramento de su cuerpo y de su sangre.

El Amor de Jesús tomó el camino de la Cruz, quiso cargar sobre sus hombros el gran peso que tiene nuestro pecado, el dolor que experimenta la humanidad y su humildad, el hombre de la zancada misericordiosa, el hombre que vive y no muere, el divino caminante que ofrece su vida por cada uno de nosotros, el Gran Poder de Dios que habita en San Lorenzo, y en Él, en su rostro, en sus potencias, en su túnica persa, están los enfermos, los leprosos, el salmista que le reza, y aquel otro muchacho que va a verlo cada día, en Sevilla, y en sus viernes esos de visitas de confesión y de sagrario en su mirada portentosa, en sus manos y en su rostro, todos somos el Gran Poder, nece-

Sagrario de la parroquia de Santa Cruz un Viernes Santo. ***ASC***

sitamos penetrar en la oración de un día cualquiera, en su *madrugá* de vencejos en el alba del Viernes Santo, *"Perdón Señor, hemos pecado contra ti"*. Su rostro el del Señor del Gran Poder es la salvación del mundo, en Él están los pobres, aquellos que nos enseñan a leer en el Evangelio *"Dejad que venga el Señor, Él iluminará lo escondido en las tinieblas"*.

El Cachorro de León de Judá

Pablo Borrallo

El ilustre vecino de Triana, el popular Cachorro, salió de las prodigiosas manos de un genio de la imaginería, el utrerano Francisco Antonio Ruiz Gijón en el año 1682, siendo su obra la expresión cumbre de la expresión tardobarroquista. De todos es sabido, según cuenta la leyenda, que para su hechura, el maestro imaginero se inspiró en la agonía de un gitano del barrio de la Cava, que expiraba su último aliento tras recibir una puñalada mortal en la disputa amorosa por una bella mujer. Leyenda ésta que ha calado tanto en la tradición hispalense, que ha sido transportada a varios géneros como la literatura, el teatro o el cine, calando, en la cultura popular, siendo el mito del Cachorro de Triana ejemplo para letras de sevillanas o poesías declamadas por pregoneros.

Sin embargo, y muy a pesar de ello, se trata de una historia carente de fundamento, pues iconográficamente, la expresión agonizante del Cachorro puede relacionarse con creaciones anteriores como el Stmo. Cristo de la Misericordia (Hdad. de Santa Cruz) o el Stmo. Cristo de la Expiración de la parroquia de Santiago de Écija, ambos atribuidos al círculo de Pedro Roldán. Es por ello que cabría preguntarse el por qué del sobrenombre de "Cachorro" al trianero Stmo. Cristo de la Expiración. Posiblemente la respuesta se halle en que la tradición

Stmo. Cristo de la Expiración. El Cachorro. *ASC*

cristiana haya utilizado desde siempre el nombre de "León de Judá" para referirse a Cristo, siendo la tribu de Judá una de las 12 tribus de Israel que volvieron tras el éxodo en Egipto, situándose en las inmediaciones del sur de Jerusalén, donde se formaría un Reino de Judá que, entre otras, tendría a Belén, lugar donde nació el Salvador, como una de sus principales ciudades. De esa extirpe nacerían reyes como

Primer plano de la impresionante mirada agonizante del Stmo. Cristo de la Expiración. *JJ*

David o Salomón. En el caso de Jesús, el Nuevo Testamento lo cita a menudo como *"perteneciente a la tribu de David"*, siendo el león, iconográficamente, emblema de la ciudad de Jerusalén. Igualmente, ya desde el mismo siglo XVII, muchos teólogos llamarán a Cristo no "León de Judá", sino "Cachorro de León de Judá", volviendo a tomar ese apelativo de las Sagradas Escrituras, dándole a Jesús la interpretación simbólica de "cachorro" de Dios, pudiéndose transportarse esa carga teológica a la piedad popular hispalense para denominar al impactante crucificado de Ruiz Gijón como "Cachorro".

Igual que Jesús es el cordero de Dios, también es el léon de Judá, simbolizando en él la realeza, el poder o la justicia, sin embargo, para aproximarlo más a las dulces características del cordero, el león pasó a describirse como cachorro de león.

El Mediatrix

Pablo Borrallo

De entre las múltiples y diversas insignias que forman parte de los cortejos penitenciales durante la Semana Santa de Sevilla, el Viernes Santo, conviene detenerse en una insignia peculiar que porta la Hermandad del Santísimo Cristo de la Expiración, "El Cachorro", y que fue incorporada a su desfile procesional en el año 1926, procedente del taller de bordado de José Caro.

El Mediatrix, como tal, tiene, iconográficamente, forma de guion sacramental, haciendo alusión de una manera simbólica a la Virgen María como "mediatrix" o "medianera" universal de todas las gracias, siendo por lo tanto, una insignia eminentemente mariana que proclama por encima de todo ese bendito papel celestial de la Madre de Dios. Es por tanto, Nuestra Señora del Patrocinio la intercesora ante Dios de las gracias a otorgar a los hermanos de esta cofradía, que así lo proclaman, públicamente al llegar el Viernes Santo. Desde su primitiva incorporación a la Semana Santa hispalense en la cofradía trianera, el Mediatrix tuvo tanta aceptación en esta ciudad tan mariana, que hermandades como las Penas de San Vicente en 1949 y La Macarena en 1989, también la incluirían dentro de su rico patrimonio procesional.

Teológicamente, presenta a la Virgen María como medianera universal de todas las gracias del Altísimo. María, asunta a los cielos, tiene como misión para la humanidad la continua y a la vez múltiple intercesión ante Dios para conseguir los dones necesarios para la salvación eterna.

La mediación universal de la Santísima Virgen María es una doctrina que parece deducirse cada día más claramente de la enseñanza tradicional de la Iglesia. Hasta tal punto está ligada la solicitud maternal de María por todo el género humano a la misión redentora de su Hijo, que forma un todo con ella y se extiende a todas las gracias concedidas por Cristo. Y es que no podemos olvidar que a Cristo se llega a través de la Santísima Virgen María. Por este motivo, la Madre de Dios es invocada en la Iglesia Católica con los títulos de Abogada, Auxiliadora, Socorro y Mediadora, sin embargo, hay que tener claro que ello no resta nada ni a la dignidad ni a la eficacia de Jesucristo como único mediador ante Dios.

La fiesta de María Mediadora de todas las Gracias sería instituída por el papa Benedicto XV en 1921; y en ella se invita a los cristianos a recurrir con confianza a esa mediación incesante de la Madre del Salvador, pues la Virgen es el medio adecuado para profundizar en el misterio de Cristo y para progresar en la fe, la esperanza y la caridad.

Pág. dcha: Mediatrix de la Hdad. del Cachorro. *ASC*

VECE

La Quinta Esperanza de Sevilla: la O del Mundo

Pablo Borrallo

El tiempo litúrgico del Adviento, marca en Sevilla con letras de oro la Festividad de la Expectación de la Virgen. Una fiesta de la Esperanza que, conjuntamente con la función principal celebrada en honor de Ntro. Padre Jesús del Gran Poder el día de la Epifanía, está considerada por los cofrades como el auténtico precedente de la Cuaresma. Al llegar cada año el 18 de diciembre, la ciudad conmemora la fiesta de la Esperanza celebrando cultos y besamanos en honor de las imágenes de María a las que acompaña dicha advocación, tal es el caso de Ntra. Sra. de la Esperanza Macarena, Ntra. Sra. de la Esperanza (Triana), Ntra. Sra. de Gracia y Esperanza, Ntra. Sra. de la Esperanza (La Trinidad) y Ntra. Sra. de la O, a quien se considera, simbólicamente, la quinta esperanza de Sevilla.

Escudo corporativo de la Hermandad de la O. *PA*

María Stma. de la O en su paso de palio. *JJ*

Llama, por tanto poderosamente la atención, que una imagen no llamada Esperanza sea considerada así, y ello tiene una explicación teológica que conviene detallar. Y es que esperar al Señor copa el tema principal del tiempo de Adviento que precede a la gran fiesta de Navidad. La liturgia de este período está llena de deseos de la venida del Salvador y recoge los sentimientos de expectación. Históri-

Detalle de los respiraderos del paso de Ntro. Padre Jesús Nazareno de la Hdad. de la O. ***PA***

camente, desde el siglo XVII, la Iglesia Católica se vale de la advocación de La O para referirse a una Virgen María expectante para el parto o en estado de buena esperanza, a escasos siete días para dar a luz. Así, desde el X Concilio de Toledo en el año 656, a la Festividad Litúrgica de la Esperanza se le llamaba "Festividad de Santa María de la O", pues después de rezar la oración de la tarde o vísperas, el coro sostenía en sus voces una larga "O", en símbolo de la expectación cristiana por la llegada del Hijo de Dios. Desde ese siglo VII, serán siete antífonas las que se canten durante los siete días de espera al parto en el rezo de las vísperas a la caída de la tarde, llamadas "antífonas mayores" o "antífonas de la O".

Formalmente cada antífona se iniciaba con la exclamación "Oh", a la que seguía un título mesiánico del Antiguo Testamento, siendo las invocaciones las que siguen: *O Sapientia* (Sabiduría), *O Adonai* (Señor poderoso), *O Radix* (raíz-padre de David), *O Clavis* (llave de David que abre y cierra), *O Oriens* (Oriente, sol y luz), *O Rex* (Cristo Rey) y *O Enmanuel* (Dios con nosotros). El sentido simbólico es la insistencia de quienes rezan o cantan esos rezos de víspera mediante el "Oh" en la espera y el asombro por la llegada inminente del Salvador del mundo. Desde un punto de vista más iconográfico, la redondez propia de las embarazadas hizo que los artistas llamaran a la Virgen en espera del parto como Virgen de la O.

María Stma. de la O. ***ASC***

El avión de Loreto

Pablo Borrallo

Cada Viernes Santo podemos ver como Nuestra Señora de Loreto, titular de la Hermandad de San Isidoro, porta en su mano izquierda un avión. Igualmente, forma parte del cortejo penitencial una representación de las Fuerzas Aéreas del Ejército Español. Simbólicamente, la vinculación de la aviación a esta cofradía sevillana responde a que la advocación de la titular de San Isidoro responde a aquella a quien el papa Benedicto XV concedió el patronazgo de todos los aeronautas en 1924.

Este hecho tiene una explicación, y es que según la tradición cristiana un grupo de ángeles trasladó hasta Croacia, volando, la casa donde había nacido la Virgen María. Según esa tradición cristiana, desde el año 1191, los cruzados que habían conquistado la ciudad de Acre y que gobernaban Palestina, protegían la casa donde vivió la Virgen María junto con Jesús y San José. Dada la invasión que los mamelucos hicieron de Palestina, los cristianos no tuvieron más remedio que trasladar esa casa por completo, ayudados por los ángeles, que se la llevaron volando, de ahí que la historia vincule ese suceso a los aviadores. Asombrados por lo que veían, los pobladores del lugar entendieron que era la casa de la Madre de Dios gracias a un sacerdote que reveló el milagro a través de la propia Virgen que se lo relató tras aparecérsele. Hacia 1294, los ángeles trasladarían de nuevo la casa de la Señora de los Cielos hacia Italia, situándola concretamente entre un bosque de laureles, de ahí el nombre de Loreto, que en latín se define como lugar poblado de laureles. Tiempo después, los propios ángeles la trasladarían definitivamente a la actual localidad de Loreto, que rápidamente se convertiría en un importantísimo centro de peregrinación, visitado incluso por grandes personalidades de la cristiandad como San Carlos Borromeo, San Francisco Javier, San Francisco de Borja, San Luis Gonzaga, Santa Teresita, San José Cupettino, San Juan Bosco, los pontífices Juan XXIII, Pablo VI, Juan Pablo II y Benedicto XVI, entre otros.

Estos misteriosos, y a la vez milagrosos sucesos, motivarían a la larga que el sumo pontífice Benedicto XV decretara a la Virgen de Loreto como patrona de las Fuerzas Aéreas, celebrándose su festividad el 10 de diciembre. En España, el propio rey Alfonso XIII, también en 1920, pondría al amparo de esa advocación la protección espiritual del Servicio de la Aeronáutica Militar. Países hispanoamericanos como Venezuela, Colombia, Perú, Argentina o Chile pondrían también bajo la protección de la Virgen de Loreto el servicio de los aviadores. Este es por tanto el germen de la vinculación histórica de la advocación de la sevillana Virgen de Loreto, titular de la Hermandad de San Isidoro, a las Fuerzas de la Aviación de España.

A la dcha: Ntra. Sra. de Loreto. De su mano izquierda pende el avión Plus Ultra. *ASC*

Personajes alegóricos de Montserrat: la *Vero Icona* y la Fe

Pablo Borrallo

Muchas son las alegorías que presenta la Semana Santa de Sevilla, si bien resulta muy importante destacar dos de ellas: la presencia de la Mujer Verónica y la Fe. Del término griego *"allegorein"*, figuradamente, la alegoría es un tema artístico que tiene como pretensión la representación de una idea, valiéndose de formas humanas, animales o de objetos cotidianos. De este modo, la presencia de personajes alegóricos en la semana mayor hispalense se hizo habitual en tiempos pasados.

Como virtud teologal, la Fe está presente en diversos pasos procesionales, ya sean de Cristo o de Virgen, bien tallada o pintada. Sin embargo, por su importancia, cabe destacar la presencia de una alegoría de la Fe en el paso de misterio de la Hermandad de la Trinidad, y sobre todo la representación humana de ésta que coloca en su cortejo procesional la Hermandad de Montserrat en la tarde del Viernes Santo. Dicha alegoría fue incorporada al desfile procesional en 1865, vistiendo, tal y como la vemos hoy día, con túnica blanca. Los ojos son cubiertos con un velo de tul, símbolo de que la fe es ciega, y en sus manos sostiene en la izquierda un cáliz, símbolo de la Sangre de Cristo derramada en su dolorosa Pasión; y en

La Verónica en el cortejo de la Hdad. de Montserrat. *JJ*

la derecha una Cruz, que simboliza el mayor testimonio de Fe para los cristianos, pues es ella la que redime los pecados y lleva a la salvación eterna.

Junto a la presencia de la Fe, en los cortejos procesionales, hay que detenerse en la figura de la Mujer Verónica. Del latín *"Vero Icona"*

La Fe en el cortejo de la Hdad. de Montserrat. ASC

que se traduce como "verdadera imagen", el termino Verónica nació por la necesidad de la piedad popular de tener representado de algún modo el rostro o verdadera imagen de Jesús, pues los Evangelios no refieren el pasaje del encuentro de Cristo con la mujer Verónica camino del Calvario. Así, nació esa alegoría que hoy forma parte tanto de la Hermandad del Valle, donde procesiona tallada en el paso de misterio de Nuestro Padre Jesús Nazareno, y nuevamente en el cortejo de la Hermandad de Montserrat, donde alegóricamente, al igual que la Fe, toma forma humana.

La Verónica fue incorporada a dicho desfile procesional ya en 1859, para representar a esa mujer, que, según la tradición cristiana, enjugó el rostro del Hijo de Dios, que a su vez quedaría reproducido en el lienzo. Su vestimenta es la típica de una mujer hebrea, sosteniendo con sus manos un lienzo con la *"Vero Icona"* o verdadera imagen de Jesús. Históricamente, tanto la Verónica como la Fe, de la Hdad. de Montserrat, han formado parte del cortejo procesional del Santo Entierro, hasta que en el año 1956, dicha corporación se incorporó al Sábado Santo y abandonó las alegorías.

El muñidor y los dieciocho ciriales

Pablo Borrallo

La solemnidad, el recogimiento y el luto del Viernes Santo queda recogido de una manera singular en la Hermandad de la Mortaja. La manera de procesionar de la cofradía del barrio de Santa Catalina marca una idiosincrasia propia dentro de la Semana Santa hispalense, debido, con toda probabilidad, a los elementos simbólicos que forman parte de su cortejo penitencial. En dicho cortejo destaca por encima de todo la presencia del muñidor y los dieciocho ciriales.

En este punto conviene aclarar la figura del muñidor como el criado de la cofradía que históricamente se encargaba de avisar con su luctuoso toque de campana la presencia de ésta en la calle. Dicho servidor tenía como cometido el tocar por las calles avisando a los hermanos de la corporación de la cercanía de los diversos cultos y ceremonias que esta organizaba. La presencia del muñidor en la tarde-noche del Viernes Santo, vistiendo casaca, calzón y medias negras, y antecediendo a la Cruz de Manguilla de la Mortaja, se antoja particularmente única, siendo sus toques de campana tan lúgubres como singulares, pues sus sones forman parte, sin duda alguna, del patrimonio inmaterial de la Semana Santa de Sevilla.

El muñidor de la Sagrada Mortaja antecediendo a la cruz de guía. *ASC*

Los toques del muñidor sumergen a los fieles en todo un mar de sensaciones. Así, podemos decir que cuando se oye al muñidor, se escucha la mortaja preparada; cuando se oye al muñidor, se escucha, nítidamente, la tristeza de la Virgen María por el sepelio de

Solemnidad del cortejo de acólitos con los 18 ciriales ante el paso de la Sagrada Mortaja. ***ASC***

su bendito hijo... cuando se oye al muñidor, Sevilla vuelve a asistir al entierro anual de otra Semana Santa que se va.

En cuanto a los dieciocho ciriales, hay que decir que forman el cuerpo de acólitos ceriferarios que dan luz a un paso de misterio, donde, iconográficamente, se representa a un Jesús que está siendo preparado para ser trasladado al sepulcro. Al punto, cabe preguntarse el por qué de tal número de ciriales, qué representan o cuál es su significado. Simbólicamente podemos explicarlo de la siguiente manera: cada cirial representa a cada persona que estuvo presente en el entierro del Salvador del Mundo. A pesar de no existir constancia de ello en los Evangelios, la tradición más romántica entiende que fueron dieciocho las personas que acudieron a ese sepelio, pudiendo ser éstas: la Virgen María, María Cleofás, María Salomé, María Magdalena, Santa Marta, Nicodemus, José de Arimatea y los once apóstoles, recordando que no fueron los doce, puesto que Judas Iscariote se había quitado la vida tras traicionar a su maestro.

Acólitos Ceriferarios de la Hdad. de la Sagrada Mortaja. ***JJ***

El Sagrado Decreto

Pablo Borrallo

En el año 1994 la Hermandad de la Trinidad recuperó para la Semana Santa el paso de misterio del Sagrado Decreto, que junto al del Triunfo de la Santa Cruz, conocido como la "Canina", es el único paso de misterio alegórico de cuantos procesionan por las calles de la ciudad. El paso del Sagrado Decreto es la representación simbólica del misterio de la Santísima Trinidad, siendo en su conjunto una alegoría bastante compleja que, tanto iconológica como iconográficamente, conviene definir. Así, por encima de otras consideraciones, dicho paso procesional simboliza la presencia de Dios, Uno y Trino, es decir la Santísima Trinidad. Iconográficamente vemos como en el Sagrado Decreto se anuncia la decisión de Dios de enviar a la tierra a su hijo Jesucristo para redimir a los hombres de los pecados y conseguir su salvación eterna. Por ello Dios Hijo aparece soportando sobre su hombro la cruz que está dispuesto a llevar por medio del martirio que anuncian sus llagas. Una cruz que apoya sobre la bola del Mundo, en claro testimonio de la humanidad a quien va dirigida el plan salvífico del Padre. Timbra esa escena central la presencia de una paloma con las alas abiertas que desprende tres rayos que simbolizan la triada divina: el Padre, el Hijo y el Espíritu Santo.

Paso del Sagrado Decreto desde el lado izquierdo. *FJP*

Un paso de misterio en el que tienen cabida varias imágenes secundarias de claro matiz alegórico como la Fe, vestida de blanco y con los ojos vendados, sosteniendo en sus manos la Cruz redentora de Cristo y el cáliz de la Pasión, del que todos hemos de beber para nuestra salvación. Junto a ella aparece una figura femenina a la derecha de Jesús en actitud dormida y sosteniendo un templo. Se trata de la alegoría de la Iglesia sobre la que Jesús edifica el plan de Dios, apareciendo, al tiempo, bajo el costado de Cristo del que emana agua, en claro símbolo de que es el sacramento del Bautismo el que desde nuestro nacimiento nos acerca a Dios por medio del Espíritu Santo.

Juegan un papel notorio en la composición del misterio la presencia en él de otros cuatro personajes secundarios, y éstos son los Santos Padres de la Iglesia: San Gregorio, San Ambrosio, San Agustín y San

Vista del paso del Sagrado Decreto desde al lado derecho. ***FJP***

Jerónimo. Su presencia en el paso son alegoría pura de que es la sabiduría de estas personas de Dios la que sirve a la Iglesia para explicar mejor el plan divino. Junto a ellos destaca la presencia de un pequeño ángel, que representa el Amor Divino y que aparece lanzando un dardo sobre el costado de Cristo, que con amor acepta el sacrificio de redimir al Mundo.

Cierra el simbolismo del misterio del Sagrado Decreto la presencia del arcángel San Miguel hiriendo con su lanza a un dragón, en claro testimonio del triunfo del bien sobre el mal que encarna el pecado.

Mors mortem superavit: el Triunfo de la Cruz

Pablo Borrallo

Una de las grandes alegorías que salen a las calles de la ciudad durante los desfiles procesionales de Semana Santa es sin lugar a duda el paso del Triunfo de la Santa Cruz sobre la Muerte, conocido la "Canina" de la Hermandad del Santo Entierro. Iconográficamente, estamos ante una imagen que representa un esqueleto humano en actitud de derrota, sentado sobre la bola del mundo, que apoyando una mano en el rostro, en señal de reflexión, sostiene en la otra una guadaña, claro símbolo de la muerte, situándose a los pies un dragón vencido que muerde enroscado la manzana del pecado original. Todo ello al pie de la Santa Cruz vacía de la que pende un sudario donde se proclama el motivo de tal alegoría: *"Mors Mortem Superavit"*, que se traduce como *"La Muerte ha vencido a la muerte"*.

Atribuida al imaginero Antonio Cardoso de Quirós en 1691, y restaurada y reformada por Juan de Astorga en 1829, se trata de la imagen alegórica más antigua de la Santa de Sevilla, siendo expresión clara de la meditación barroca de la brevedad de la vida y del fin último al que todas las personas estamos llamadas: la muerte. Si bien, es la Cruz de Cristo salvadora la que nos libera de la azada de una guadaña, que nos acompaña desde el momento mismo en el que venimos al mundo. Un paso, claramente, influenciado por la notable obra pictórica de Valdés Leal, titulada *"In ictu oculi"*. El artista Antonio Cardoso de Quirós, de cuyas manos salió, también para la Hermandad del Santo Entierro, la Virgen de Villaviciosa, talló un paso, no para el miedo, sino para la esperanza, pues por encima de todo la "Canina" es símbolo claro de Cristo, Resucitado y Glorioso, por cuya cruz se alcanza la victoria en una nueva vida celestial.

Un misterio, por tanto, que pretende, ante todo proclamar la Resurrección de Cristo como obra de Dios para redimir al Mundo, el perdonar los pecados y el triunfar sobre el mal. El lema *"Mors Morstem Superavit"* es un claro mensaje victorioso de la vida sobre la muerte y la esperanza de una vida eterna en el amor de Dios.

Cabe apuntar como hechos anecdóticos, que son muchas las personas que al tránsito de la "Canina", se vuelven de espaldas, despertando su presencia multitud de comentarios, tan serios como jocosos. Igualmente, el paso de la alegoría del Triunfo de la Santa Cruz, llevado por veinticuatro costaleros, adolece de un llamador visible, pues su lugar en el paso está escondido en la zambrana delantera de la parihuela, tras los faldones negros, en claro testimonio de la superstición barroca de lo que puede suponer llamar a la muerte... *guasa* sevillana en el sentido más puro de la expresión.

Pág. dcha: Paso del Triunfo de la Santa Cruz.
Hdad. del Santo Entierro. *JJ*

MORS MORTEM SVPERAVIT
J.MUÑOZ

La gran procesión: el Santo Entierro

Pablo Borrallo

Si hay una hermandad cargada de significados durante la Semana Santa de Sevilla, esa es sin lugar a dudas, la del Santo Entierro, fundada hacia 1570 en el convento de San Laureano y establecida en la actual iglesia de San Gregorio dese 1870. A ese desfile procesional se le suele dar en llamar la "gran procesión", tanto por los elementos simbólicos que aparecen en ella, como por estar representados en su cortejo todos los estamentos civiles y religiosos de la ciudad. En virtud de ello, suele aceptarse como la procesión oficial de Sevilla por antonomasia durante el tiempo penitencial.

Así, el luto, la solemnidad y el recogimiento se dan la mano para regalarle cada año a la ciudad un distinguido broche de oro cuando el Sábado Santo va echando el cerrojo a la Semana de Pasión. Con el del Santo Entierro, estamos ante un cortejo procesional de enorme calado teológico e iconológico, pues la presencia de los pasos del Triunfo de la Santa Cruz, el Cristo Yacente y el misterio del Duelo, van precedidos de multitud de elementos simbólicos, revistiendo en su conjunto una enorme formalidad.

Cabe apuntar al respecto la representación que hacen en esa comitiva las distintas hermandades de penitencia, la figuración de niños que portan en sus manos los atributos de la Pasión, el palio de respeto portado por servidores que sigue tras la urna; la presencia de la Centuria Romana que escoltan por detrás al Cristo Yacente y que con su capitán al frente y vestidos a la manera de los escuadrones romanos del siglo I, se postran arrodillados ante el Hijo de Dios cada vez que el paso se detiene; o la presencia de estamentos religiosos y civiles entre los que cabe destacar el Sr. Arzobispo de la Archidiócesis, el Consejo General de Hermandades y Cofradías, el Excmo. Ayuntamiento, con el concejal más joven portando el pendón de la ciudad; o las fuerzas militares de Tierra, Mar y Aire, siendo un general jefe del Ejército, el designado por S.M. el Rey, Hermano Mayor honorífico de la corporación, para representarlo y presidir, simbólicamente, la procesión.

Con ocasiones excepcionales, tiene lugar el llamado "Santo Entierro Grande". Se trata de un cortejo grandioso en el que a los tres pasos de la propia hermandad, le siguen varios pasos de otras cofradías de los llamados "de Cristo", que iconográficamente van representando de manera cronológica los episodios de la Pasión. Este hecho hunde sus orígenes en el año 1850, siendo los duques de Montpensier lo impulsores de tan notoria manifestación religiosa, haciéndola coincidir con una etapa de resurgimiento de las cofradías. Desde entonces, la magna procesión se ha realizado en diez ocasiones, siendo la última la acaecida en el año 2004.

El concejal más joven porta el Pendón del Ayuntamiento. *ASC*

De izda. a dcha: El Alcalde, el Arzobispo y el Hermano Mayor. *JJ*

Un general representa al Rey como Hermano Mayor Honorario. *JJ*

Representaciones militares. *ASC*

Real Orden de Caballeros de Sta. Mª de El Puig. *ASC*

"Senatus" de la escolta romana. *ASC*

"Palio de Respeto". ***ASC***

La escolta romana se arrodilla en cada parada en señal de respeto. ***ASC***

Paso del Cristo Yacente. *JJ*

El misterio mariano: el paso de Duelo

Pablo Borrallo

Luctuoso, solemne y romántico, el paso que cierra la procesión del Santo Entierro, presidido por la Virgen de Villaviciosa (Cardoso Quirós, 1691), se trata sin duda de un paso singular, pues iconográficamente estamos ante el único paso de misterio mariano de la Semana Santa de Sevilla. En este paso, lo fúnebre y lo doloroso se dan la mano para abrir la memoria a un pasado sentimental de las cofradías sevillanas cargado de estampas tan antiguas como románticas.

Las condolencias que recibe la Santísima Virgen de Villaviciosa están marcadas por una estética especial. Las figuras secundarias que forman parte del misterio están alineadas a derecha e izquierda, situando a la bendita imagen en el centro de la escena, focalizando las tristes conversaciones. El duelo de la Virgen, que sostiene en sus manos la corona de espinas del Hijo de Dios, es compartido con las personas que siguen a Jesús hasta el final, sus más allegados. Allí están presentes San Juan Evangelista, las Santas Mujeres (María Magdalena, María Salomé y María Cleofás), y los Santos Varones (José de Arimatea y Nicodemus), imágenes todas talladas por Juan de Astorga en 1829, que confieren en su conjunto un halo fúnebre a un paso tallado en madera sobredorada de estilo gótico y orfebrería plateada, que presenta cartelas donde queda representada la Pasión de Jesucristo.

Un paso de duelo inspirado en el rito ancestral y ceremonioso de acudir a dar el pésame a los familiares de un difunto fallecido, pero que simbólicamente va mucho más allá, pues en ese misterio mariano se encierra el momento en el que la Madre de Dios guarda retenidos en su pecho los siete dolores. Así en el primer dolor, la "Profecía de Simeón", queda reflejado en el puñal dolorosa que atraviesa el alma de la Virgen. El segundo dolor, la "Huida a Egipto", queda recogido en el pañuelo que sostiene la Virgen como símbolo del momento en el que lloró por vez primera. El tercero dolor, el "Niño Jesús perdido y hallado en el templo", tiene su reflejo en el rosario que pende de la dolorosa, asociándose a un acto contemplativo por la pérdida de su hijo. El cuarto dolor, "El encuentro con Jesús en la calle de la Amargura", tiene su prolongación en la corona de espinas, pues es el momento donde la Virgen ve a Jesús torturado por primera vez. El quinto dolor, "Cristo crucificado", se transporta al misterio del duelo por los atributos de la Pasión, que figuran en el cortejo del paso del Triunfo de la Cruz portado por niños. El dolor, María al pie de la cruz, lo vemos en la sensación de soledad de una Virgen rota de llanto y tristeza. Por último el séptimo dolor, "El Entierro de Jesús" queda manifestado en la propia composición de la escena de un paso, donde las figuras secundarias tras enterrar a Cristo, acompañan a consolar a su bendita Madre.

El paso del Duelo. *JJ*

El cierre de la Semana Santa: la Soledad de San Lorenzo

Pablo Borrallo

Un aire tan luctuoso como melancólico recorre el cielo hispalense la tarde del Sábado Santo. La romántica despedida de un sueño tan etéreo como real se hace presente en los ojos que contemplan el solemne caminar de Nuestra Señora de la Soledad (Anónima, siglo XVI). Túnicas negras y blancas rompen caminos hacia San Lorenzo a la Virgen María, que de recogida y más en silencio que nunca, va abrochando, a su manera, otra ensoñación primaveral de Sevilla.

Todo empieza y todo acaba. El alboroto y la alegría de la Plaza del Salvador el luminoso Domingo de Ramos, donde los trajes y vestidos de estrenos y niños jugando a ser nazarenos conquistan la ciudad, tiene su contrapunto el Sábado Santo en la oscura reserva de una Plaza de San Lorenzo, cuyos faroles parroquiales van agonizando de luz, derritiendo lágrimas de cera por el tiempo que se va.

Con exquisita compostura, la silueta de una escalera vacía, arrullada por un lienzo blanco, se recorta por Cardenal Spínola, dirigiéndose, irremisiblemente, a su destino. Al tiempo, la muchedumbre abre paso al decidido andar de unos costaleros, que como si llevaran prisas, se apresuran a recoger para siempre un trozo más de historia. Otra Semana Santa firma con letras doradas su final, cuando las saetas se quiebran en el viento proclamando otro año más de espera.

El rito y la historia se dan la mano en el barrio donde habita el Señor del Gran Poder que, como vecino ilustre, es testigo de excepción de una vivencia cofrade cargada de intimismo. La Semana de la Pasión de Nuestro Señor Jesucristo, marcada a fuego en el corazón de Sevilla, se va a entregar por los sevillanos, tornando un año más a su fin.

Semana de contrastes. La luz y la algarabía de los primeros día se tornan misterio en la aflicción y la tristeza de Aquella que, sola y desconsolada, se acerca a los pies de la Cruz, absolutamente, rota de dolor. La Soledad de San Lorenzo, cierra esplendorosamente la Semana Santa hispalense, a los sones melancólicos que interpretan los corazones de los buenos cofrades. Sentimientos encontrados se citan para debatir por la esencia de todo. ¿Se acaba todo con la Soledad?, o por el contrario ¿comienza todo con la Soledad? La plenitud del triunfo redentor de Cristo será de nuevo el motivo donde agarrarse para sobrellevar la desgarradora soledad de otro año más de espera. Con la Soledad de San Lorenzo se muere una ilusión, pero, paradójica y simbólicamente, nace a la vida otra… el comienzo de la cuenta atrás.

La Soledad de San Lorenzo. *ASC*

La Soledad de San Lorenzo por Cardenal Spínola. *SG*

La Virgen sin lágrimas: la Aurora de Resurrección

Pablo Borrallo

De entre todas las imágenes de la Virgen María que hacen estación de penitencia a la Santa Catedral de Sevilla, por la singular iconografía de su rostro, hay una que destaca sobremanera, Nuestra Señora de la Aurora.

Tallada por Antonio Dubé de Luque en el año 1978 para la Hermandad de la Resurrección, la bella dolorosa sobresale por la ausencia de lágrimas en sus mejillas, lo que la hace genuina entre todas las dolorosas sevillanas. Y es que la Aurora no llora, la Aurora sonríe por el triunfo victorioso de su Hijo Jesucristo resucitado y glorioso. El perfecto culmen del plan de Dios arranca una sonrisa a la Madre de Jesucristo, que bien entrada la *Madrugá* del Domingo de Resurrección, va pregonando desde Santa Marina, con los brazos abiertos, el triunfo del bien sobre el mal, la victoria de la vida sobre la muerte y sobre todo la gloria del amor de Dios.

Lo que para los cofrades constituye un día con sabor agridulce por ser el fin de una Semana Santa y el principio de una larga espera hasta el siguiente Domingo de Ramos, por la calle San Luis es pura algarabía cuando los blancos capirotes nazarenos anuncian la presencia del Hijo de Dios, que resucitado de entre los muertos aparece jubiloso para mostrarnos a todos la buena noticia de la Salvación.

Las lágrimas derramadas en multitud de imágenes de la Virgen desde el Domingo de Ramos hasta el Sábado Santo desaparecen por completo al encenderse el Cirio Pascual. La última imagen de María en procesionar ya ha secado sus lágrimas de dolor, tristeza, agonía y luto, irradiando en su rostro puro júbilo por haber sido parte principal del plan que Dios le tenía reservado en la Tierra para la redención de los pecados y salvación de la humanidad.

Curiosamente, la ausencia de lágrimas en la sencilla y dulce faz de Nuestra Señora de la Aurora tiene su precedente la tarde del Viernes Santo en el bendito rostro de Nuestra Señora del Patrocinio (Luis Álvarez Duarte, 1973), titular de la Hermandad de El Cachorro, que al igual que la dolorosa del radiante domingo pascual no se presenta lacrimosa. Sin embargo, el hecho de que la Virgen del Patrocinio no presente lágrimas de cristal en su rostro no se debe a ningún componente teológico o simbólico, sino que la ausencia de ésta se debe al hecho de ser tallada a imagen y semejanza de la antigua Virgen del Patrocinio, desaparecida tras el incendio de la capilla en 1973, y que pese a su sentir luctuoso, lloraba, interiormente y sin lágrimas, por la Pasión de su amado Hijo.

Pág. dcha: Nuestra Señora de la Aurora. ***PA***

Cristo Resucitado y Glorioso: el Cirio Pascual

Pablo Borrallo

Desde los más orígenes remotos del mundo, la luz ha convivido en estrecha contraposición con la oscuridad, tanto en las historia social como personal del hombre. Así, al igual que a la noche le sigue al día y a una época oscura le sigue una luminosa, la luz sigue a la oscuridad, y la conmemoración de la Pasión, Muerte y Resurrección de Cristo está íntimamente ligada a esa relación entre tinieblas y luz.

Ya Jesucristo, antes de entregarse por nosotros, apuntaba: *"Yo soy la luz del mundo, nadie va al Padre, sino por mí"*. Y es por ello que los cristianos debemos de asociar la luz a la vida y a la salvación, que es Jesús mismo. Un Cristo, que a través de la Cruz, pone luz entre las tinieblas del mundo, símbolo de mal, perdición y muerte.

Es Jesús por tanto la luz del mundo que a los cristianos guía hacia la morada del Padre, debiendo los cristianos de ver en esos reflejos de luz de Cristo la conducta de amor que tenemos que seguir en el camino hacia la Salvación. Y es por eso que como culmen de la Semana Santa, la luz se hace muy presente en la celebración de la Vigilia Pascual. El tiempo de la Resurrección, representado en el color litúrgico blanco, símbolo de plenitud y luz, toma el testigo del tiempo litúrgico de la Cuaresma, marcado por el color morado, como símbolo de tristeza, oscuridad y penitencia.

Durante la celebración de la Vigilia de Resurrección, que tiene lugar entre la madrugada del Sábado Santo al Domingo de Resurrección, y que encierra el gran misterio de la religión cristiana, el Cirio Pascual desempeña un papel preponderante, pues por medio de la luz que irradia, representa a un Cristo resucitado, vencedor de las tinieblas y de la muerte. El Cirio Pascual se enciende como fuego nuevo que nace de una oscuridad completa, pues a partir de la Pascua todo se renueva, estando el cirio encendido durante todo el tiempo pascual en memoria y recuerdo de la presencia entre nosotros de Cristo resucitado y glorioso.

Una celebración religiosa que comienza con la iglesia completamente a oscuras, encendiéndose y bendiciéndose el fuego, fuera del templo. De ese fuego se enciende la gran vela que es el Cirio Pascual y comienza una gran procesión de fieles con velas encendidas presididas por el sacerdote celebrante. Se cantan las "Luces de Cristo", se coloca el Cirio Pascual junto al ambón del Evangelio, se entona el "Pregón Pascual" para proclamar la gloria de Cristo Resucitado y se da paso a una celebración eucarística, que en recuerdo del encuentro de las mujeres con el ángel anunciador de la resurrección del Señor a la entrada del sepulcro, simboliza por encima de todo el triunfo de la luz sobre la oscuridad y la victoria de la vida sobre la muerte.

Pág. dcha: Resurrección de Ntro. Señor Jesucristo. ***FJP***

Epílogo: el Gran Poder de la Misericordia

Durante los días 3, 4, 5 y 6 de noviembre del 2016, la más sublime concepción del rostro amoroso de quien se entregó por nosotros para salvación de la humanidad, Jesús del Gran Poder, abrochó, esplendorosamente, un año especial para la Iglesia Católica: el Año de la Misericordia. El rostro del que es uno en divinidad con el Padre y el Espíritu Santo, aquel que habló a los profetas y que con su zancada portentosa va surcando caminos de esperanza entre las tinieblas del mundo, fue, no solo el invitado excepcional para la celebración del Jubileo de las Hermandades en la Santa Iglesia Catedral de Sevilla, sino el protagonista capital de todo, pues su Misericordia, dio sentido a unos días que pasarán para siempre a la historia de la devoción sevillana.

Auténticos ríos de fieles, con el alma tan encogida como emocionada, interpretaron ante su augusta presencia, la perfecta sinfonía de la oración sevillana: contemplación implorante y respetuoso silencio a su paso majestuoso. Así, con el pincel indeleble que dibuja el tiempo, el proclamado "Señor de Sevilla", la más excelsa imagen de Jesús con la Cruz a cuestas, pintó la más egregia y a la vez imborrable estampa cofrade, aquella donde en loor de multitudes fue aclamado por una ciudad, completamente, entregada a Él. Con motivo del Jubileo, el hijo del Creador de Cielo y Tierra, se convirtió, metafóricamente, en esa Puerta Santa que los cristianos estamos llamados a atravesar en este Año de la Misericordia.

Desafiando las leyes de la física, el tiempo y el espacio se hicieron uno mismo al transitar imponente de la inefable talla de Juan de Mesa, cuya presencia transformadora todo lo puede y todo lo alcanza. Su paso por San Lorenzo, la plaza del Salvador, la Giralda, la Plaza Nueva, el convento de las Hermanas de la Cruz, la Amargura o Monte-Sión, nos hizo comprender que la Misericordia es la más suprema de las prebendas para una vida ejemplar que Cristo nos legó en esa carta magna a la que llamó bienaventuranzas. La imagen de Jesús del Gran Poder, tan rota como serena, tan valiente como imponente, tan cercana como distante, tan concentrada en cumplir con la voluntad del Padre, por sí misma nos descifró aquello que Él mismo anunció en el Sermón de la Montaña: "*Bienaventurados los misericordiosos porque ellos alcanzarán la Misericordia*". Y como a veces el ser y el parecer se funden en una misma alma, la que quizás haya sido la procesión más extraordinaria de todos los tiempos, nos ha empujado a ver en Jesús del Gran Poder, el verdadero rostro del Hijo de Dios.

Pablo Borrallo

SG

ASC

JJ

PA

FJP

Agradecimientos

A Ediciones Alfar por su confianza plena en este trabajo editorial.

A los grandes fotógrafos hispalenses Antonio Sánchez Carrasco, Javi Jiménez, Sebas Gallardo, Pedro Aranda y Francisco José Pérez, por la brillantez imponderable de su arte.

A los artistas sevillanos Teresa Guzmán y César Ramírez, por la exquisitez de sus ilustraciones.

A José Fernando Gabardón y Alberto Diago por su colaboración en los textos de esta obra.

A los inmejorables fotógrafos José Antonio Zamora, Francisco Javier Montiel, Joaquín Galán, Luis Manuel Jiménez Domínguez y Rafael Bellvis Zambrano por su altruista colaboración en el testimonio gráfico de este libro.

Al reconocido imaginero Jesús Méndez Lastrucci, biznieto del padre de la imaginería moderna, Antonio Castillo Lastrucci, por sus palabras plenas de sentimiento y sevillanía.

Al maestro del periodismo hispalense, Antonio García Barbeito, por hacernos disfrutar de su palabra escrita al hablarnos, sencillamente, de Dios.

Y a tí, Sevilla, por permitirnos, de nuevo, soñar contigo.

- Pablo Borrallo -

Historiador y escritor,

autor de los textos y coordinador de la obra

De izquierda a derecha: Javi Jiménez, Sebas Gallardo, Francisco José Pérez, Pedro Aranda, Teresa Guzmán (arriba), Antonio Sánchez Carrasco, Alberto Diago, César Ramírez, Jesús Méndez Lastrucci y Pablo Borrallo

Esta obra se terminó de escribir el
día 5 de noviembre de 2016
coincidiendo con el Jubileo
de las Hermandades de
Sevilla en el Año de
la Misericordia